Plumb Mit Farben wohnen

To my wise and courageous mother

Barbara Plumb

Mit Farben wohnen

Buchclub Ex Libris Zürich

Die Originalausgabe »Young Designs in Color«
erschien 1972 als Studio Book
im Verlag The Viking Press, New York
Aus dem Amerikanischen
von Dr. Charlotte Blauensteiner
ISBN 3-7796-3066-4
Lizenzausgabe
für den Buchclub
Ex Libris, Zürich
© 1972 by Barbara Plumb
© 1973 der deutschsprachigen Ausgabe by Schuler
Verlagsgesellschaft mbH, München
Alle Rechte vorbehalten
Printed in Japan

Einleitung

Bis vor wenigen Jahren scheuten sich viele Leute – selbst solche, die sonst Gefahren furchtlos ins Auge sehen – vor dem aggressiven Gebrauch der Farbe in Innenräumen. Sie fürchteten, sich durch ihre Farbwahl den Ruf eines schlechten Geschmackes einzuhandeln; sie wollten gefeit sein vor den grausigen Fehlern, die sie unter der Bezeichnung Originalität bei ihren Freunden beobachtet hatten; und nicht zuletzt hatten sie Bedenken, daß ihre Auswahl zuviel von ihren persönlichen psychologischen Geheimnissen verraten könnte.

Aber so wie viele andere Verhaltensweisen, die lange als unantastbare Norm gegolten hatten, in der letzten Dekade umgewertet wurden, geschah dies auch mit dem traditionellen Widerstand gegen kühne Farbexperimente im Wohnbereich. Heute scheint sogar ein ganz offensichtlich konservatives Individuum bereit, sich in so völlig widersinnige Dinge einzulassen, wie etwa, in welcher Farbe die Wände gestrichen und welche für die Einrichtung gewählt werden soll. Heutzutage, da die Zukunft unserer nackten Existenz als Spezies in Frage gestellt wird, scheinen solche Entscheidungen eher trivial als traumatisch.

Beginnend mit den sechziger Jahren und weiter bis in die siebziger Jahre haben die Avantgarde der Designer und die Massenmedien ein solches Farbenfest veranstaltet, daß es schwerfällt, sich davon fernzuhalten, ganz gleich, ob man in Mittelamerika oder inmitten von Megalopolis lebt. Nach dieser visuellen Schlemmerei können nurmehr wenige die Farbe so sehen wie zuvor.

Diese glückliche Korruption der Farbunschuld hat die Farberfindung demokratisiert, so daß sie nun nicht länger die ausschließliche Domäne der künstlerischen Elite ist, sondern jedem offen steht, der das Abenteuer wagt, sich eine persönliche Umwelt zu schaffen. Obwohl die von einigen

Farbherstellern und gewissen Zeitschriften verbreitete Propaganda, daß die ›Modefarben‹ von Jahr zu Jahr wechseln, im großen und ganzen eine verkaufsfördernde Sage ist, hat sich während der letzten zehn Jahre unleugbar eine Farbrevolution ereignet, die auch als ›Entgrünung‹ bezeichnet werden könnte. (Anspielung auf das Buch von Charles Reich ›Die Welt wird jung‹, das in der amerikanischen Originalausgabe ›The Greening of America‹ heißt.) Dieses todsichere milde Grün, mit dem so viele von uns aufgewachsen sind, ist ebenso verschwunden wie der zu Ohnmachtsanfällen neigende Backfisch. An seine Stelle trat die radikale Farbe.

Das heißt nun nicht, daß jedes zeitgemäße Farbschema heiß und vibrierend sein muß – im Gegenteil, es kann so ruhig sein wie ein See oder ein Winterwald –, aber es gibt ernsthafte Versuche, ganz bestimmte Wirkungen hervorzurufen und nicht bloß geschmackvoll oder unaufdringlich zu sein. Veränderungen, die einzigen Bestandteile des modernen Lebens, auf die man sich verlassen kann, gehen so rasch vor sich, daß alles, was man früher als abwegig betrachtete – brennende Fluoreszenz; Schattierungen, die ineinander übergehen; starke reine Farben, vermischt mit Silbermylar oder Weiß und lediglich durch Ton oder Textur abgewandelt – nun bereits bemerkenswert seriös wirkt.

Die seinerzeit heftigen Debatten darüber, ob gewisse Farbkombinationen ›sich halten‹, scheinen heute akademisch in einer Zeit, da die Modeneuheiten so schnell kommen und gehen, daß man ein Experte sein muß, um ihrer Kometenbahn folgen zu können.

Das Experimentieren mit Farbe im Heim gibt Modereaktionären die Möglichkeit, an der heutigen Revolution des Verhaltens und der Moral teilzuhaben, ohne in der Öffentlichkeit ihre Würde zu verlieren. Sie können in der Halbabgeschlossenheit ihrer Wohnung ein paar stille, wohlerzogene Farbexzesse wagen, und nur ihre engsten Freunde werden es jemals erfahren.

Heute muß niemand mehr verzweifelt die Hände ringen, weil er für eine Farbentscheidung im Sinne einer langfristigen Bindung verantwortlich ist. Wir sind nun in das Wegwerfzeitalter hineingewachsen, wo ein Papierkleid innerhalb eines Abends verbraucht wird und ein Superstar innerhalb von sechs Monaten. Die Unbeständigkeit ist das einzige Greifbare dieser Dekade.

Vor weniger als 15 Jahren wurden noch Kombinationen wie Purpur und Rot oder Rosa und Rot mit der Begründung abgelehnt, daß sie sich ›schlagen‹. Heute scheint kaum noch jemand diese Schwingungen zu bemerken.

Früher wurde das geschäftige Vermischen von Mustern höflich als bedauerlicher Mißgriff bezeichnet. Heute werden die wildesten Kombinationen oft als die größten Neuheiten hochgelobt. Der Leichtsinn der Jugend mit seiner spöttischen Kühnheit läßt fast jedermann mit Wohlbehagen altmodische Farbkonventionen über den Haufen werfen.

Die psychedelische Bildersprache der sechziger Jahre, die dort fortsetzt, wo die Collage aufhört, hat selbst das vorsichtigste Auge zu einer toleranteren Haltung gegenüber dem Unkonventionellen in Muster und Farbe erzogen.

Extreme, wie etwa jede Wand eines Raumes in einer anderen Farbe zu streichen, werden nicht länger als visuelle Beleidigungen empfunden.

Eine Überfülle an Farben kann ein legitimes und harmloses Ausbrechen in eine andere Welt sein, wenn unsere menschliche Umwelt verschmutzt ist und ihre Annehmlichkeiten im Verschwinden begriffen sind.

In einer Art visueller Wurstigkeit, parallel zu der Vorliebe für obszöne Wörter im Film und in der Literatur, werden mechanische Paraphernalia und unbeholfene Architekturdetails als Positivum betont. Ein oder zwei Schichten vibrierender Fluoreszenzfarbe können einen Fehler in eine ›Augenblicks-Skulptur‹ verwandeln. Sic transit Mode! Was in den fünfziger Jahren den Augen weh tat, ist nun in den siebziger Jahren witziges Design. Handelsmäßige Verpackungen etwa, die offen auf Stellagen in der Küche stehen – eine Angewohnheit, die man früher für so vulgär hielt wie die Ketchupflasche auf dem Tisch– , werden nun als dreidimensionale graphische Dekoration betrachtet, die Farbe in eine sonst sterile Ecke des Hauses bringen: eine Rolle, die Jahre hindurch die Bücher in Wohnraum oder Studio innehatten.

Im Schlafzimmer sind Farbe und Muster gegen die verläßlichen und braven weißen Bezüge im Vormarsch. Im Badezimmer sorgen die in einer offenen Stellage gestapelten Handtücher in Komplementärfarben für ein Farbenspiel, das jede Woche nach der Wäsche eine neue Aussage bereithält.

Woher diese Veränderung? Warum haben wir uns auf die Farbe gestürzt? Ein mächtiger Katalysator war die Popularisierung der visuellen Kunst durch die Massenmedien, durch Galerien und Museen. Der abstrakte Expressionismus, Pop, Op, kinetische und graphische Kunst sind nicht mehr bloß für eine reiche und gebildete Minorität interessant.

Mit einer mehr kommerziellen Ader haben die Werbeplakate, seien es nun die kleinen, die sich in der U-Bahn ausbreiten, oder die riesigen auf den Anschlagtafeln, unser Auge an große Flächen und kühne Farben gewöhnt. Farbfilme und Farbfernsehen bombardieren unsere Sinne. In der Mode, in Modezeitschriften, in den raffinierten Auslagenarrangements der Läden und in Boutiquen – überall liegt die Betonung auf Farbe. Es ist für den modernen Menschen, außer er ist mit Farbenblindheit geschlagen, fast unmöglich, an der Allgegenwart der Farbe vorbeizugehen, wenn er nicht von ihr geradezu inspiriert wird.

Es wäre unrealistisch, wollte man nicht zugeben, daß viele Leute in ihrem Farbenwahn Fehler machen. Aber was macht das schon? Es bringt ihnen Spaß und befriedigt sie. Und in einer Welt, wo man das Gefühl hat, ohnehin sehr wenig zur Lenkung seines Geschickes beitragen zu können, ist es herrlich, sich als Gott zu fühlen – und sei es nur in der Farbgebung eines kleinen Gebietes unserer persönlichen Umwelt.

Parallel zu dem Trend nach auftrumpfenden Farben verläuft das Interesse an gedämpften monochromatischen Farbschemen, die ihren Intensitätsanteil aus der Natur beziehen. Heute, da die Ökologie die Bewegung des Jahrzehnts ist, schlagen ruhige Farbtöne, die an die subtile Palette der See, der Berge, der Bäume oder des Grases erinnern, tiefere Saiten an als je zuvor.

Bis vor kurzem betrachtete man die Möbel, also den Hauptausgabeposten bei den meisten Innenräumen, als eine Investition für das ganze Leben. Aber nun werden sie in Übereinstimmung mit dem Tenor unserer unstabilen Zeit als etwas viel Vergänglicheres angesehen. Ihre Farben werden kaum mehr auf der Basis der früher bevorzugten Kriterien nämlich ›weich‹ und ›ruhig‹, ausgewählt. ›Sei heute kühn, denn wer weiß, was morgen sein wird‹ – das ist die Haltung unserer Epoche.

Papiermöbel sind billig, leicht zu transportieren und aufzustellen und damit die idealen Kandidaten für einen kurzen, aber angenehmen Flirt mit starken Farbakzenten. Üppig getönte Faltmöbel, die man aus dem Kasten herausnimmt, können eine kurze Begegnung mit einem intensiven Farberlebnis vermitteln. Baukastenmöbel mit auswechselbaren Komponenten ermutigen die versuchsweise Massierung von Farbe, zunächst in einem Teil des Raumes und dann in einem anderen. Möbel aus dem Trödlerladen können, selbst wenn sie in ihrem früheren Dasein Mauerblümchen waren, durch ein paar scharfe Spritzer aus der Farbtube zum Mittelpunkt der Aufmerksamkeit werden.

Auch die Kunststoffe mit ihren unendlichen Farbmöglichkeiten haben zur Farbrevolution beigetragen. Starke Töne, sowohl undurchsichtig als auch durchscheinend, haben den Möbeln vollkommen neue Farbdimensionen verliehen. Selbst das traditionsgebundene Holz schwelgt mit vibrierenden neuen Lack- und Anilinoberflächen in Farbe. Die Polsterüberzüge, die mit Zippverschlüssen versehen und leicht abzuziehen sind, erlauben Farbveränderungen je nach Laune oder Jahreszeit. Sogar tägliche Farbveränderungen können durch kleine, leicht bewegliche Accessoires herbeigeführt werden.

Eine der Hauptrollen in der Farbrevolution spielt die neue Art der Beleuchtung. Modische Räume unter dem Stichwort unserer Neonkultur zeigen Showelemente, wie abwechselnd aufleuchtende bunte Glühbirnen. Auch die Straßenwerbung hat mit ihren leuchtendfarbigen Neonröhren einen Beitrag geleistet, der nun bei Treppengeländern oder im Inneren von durchsichtigen Plastiktischen zum Ausdruck kommt. Ultraviolettes Licht, das fluoreszierende Fensterläden oder Skulpturen in Aktion setzt, erinnert mit seinem unheimlichen Glühen an die Atmosphäre einer anderen Welt. Die Stärke und Placierung der Beleuchtung kann ein wirksames Farbschema noch verstärken. Rheostate, die die Lichtstärke erhöhen oder absenken, können das Leuchten einer hochglänzenden Wand intensivieren oder die Atmosphäre eines Raumes zu einem schwermütigen

10

Flüstern dämpfen. Punktleuchten und Strahler, nach oben oder unten gerichtet, variieren die Töne nach einem bestimmten Farbthema.

Bilder können mehr zur Farbgebung eines Innenraumes beitragen als irgendein anderes Element, insbesondere wenn die Wände weiß und Teppiche und Vorhänge neutral sind. Die Möbel in einem stark durch die Bilder dominierten Raum sind häufig in gedämpften Tönen und lassen den Gemälden volle Entfaltungsfreiheit. Wenn auch zu hoffen ist, daß Bilder nicht bloß wegen der dekorativen Wirkung ihrer Farben ausgesucht werden, so inspirieren sie doch sehr oft das Farbmotiv eines Raumes.

An die Wand projizierte Farbdias verändern nicht nur die psychologische Stimmung eines Raumes, sondern vermitteln auch die Illusion einer tatsächlichen Veränderung seiner Struktur, so wie früher die Trompe-l'œil-Malerei. Die Veränderungsmöglichkeiten sind unendlich wie die Anzahl der Dias, die man kaufen und aufbewahren kann.

Eine Art der angewandten Kunst, die sich in den späten sechziger Jahren entwickelte und sich nun in den siebziger Jahren fortsetzt, nämlich die sogenannte Supergraphik, besteht aus übergroßen graphischen Entwürfen in heißen, durchdringenden Farben, die direkt auf eine Wand aufgebracht werden. Diese Wandbilder der Moderne können billiger sein als Tapeten, je nach dem Honorar des Künstlers und den Kosten der Farbe.

Den Supergraphiken verwandt sind Streifen, die auf Wände oder Decken gemalt werden, die aber nicht die Präzision des Maschinendruckes zeigen, sondern große freihändige Striche leuchtender Farben oder starke einfache Farbblöcke sind. Eine der billigsten und wirkungsvollsten Methoden, um Farbe an die Wände zu bringen, sind Plakate, die entweder als erkennbares Bild benützt oder in Fragmente zerschnitten und wie eine Collage zusammengesetzt werden. Der Effekt umfaßt die ganze Skala, angefangen von graphischer Spielerei bis hin zum satirischen Humbug. Anstriche in heftigen Farben zeigen sich nun an so unerwarteten Orten wie an den Stufen und Geländern von Treppen. An den Rückwänden von Nischen oder als frische Einfassung eines Sperrholzausschnittes kann Farbe gerade jenen Schock der Individualität hervorrufen, der ansonsten routinemäßig eingerichtete Räume aufmöbelt.

Die neuartige Verwendung von Materialien hat den Farben die zusätzliche Dimension der Bewegung verliehen. Silbermylar, rostfreier Stahl und kleine Spiegelmosaiken reflektieren und zerlegen die Farbe in einer dramatischen Weise, so daß es aussieht, als ob sie sich fortwährend veränderte und schimmerte.

Hochglanzlackierungen, die derzeit sowohl für Wände als auch für Möbel sehr gefragt sind, setzen ihre eigenen Glanzlichter und reflektieren die anderen Farben in einem Raum. Signalfarbenanstriche, wie sie von Künstlern wie Frank Stella popularisiert wurden, bringen Schockelemente in einen Innenraum, wenn sie als Akzent an Wänden oder Architekturteilen verwendet werden. Außerdem passen sie sehr wirkungsvoll zu modernen Möbeln und Einrichtungen.

Die Farbe ist vielleicht das mächtigste Werkzeug, um architektonisch gleichförmige oder sogar häßliche Häuser in etwas Reizvolles und Aufregendes zu verwandeln. Die eleganteste Wohnung kann einen gewissen Stil zeigen, wenn sie erst einmal einer einfallsreichen Farbkosmetik unterzogen wurde. Farbtönungen können immer wieder das Auge über nachlässige Oberflächenbehandlung und Detailausführung hinwegtäuschen. Schäden wie Sprünge in den Wänden oder stark zerkratzte Fußböden bleiben unter ein oder zwei Schichten lebhafter Farbe häufig unbemerkt.

12

Im übrigen bietet ein hochgesättigtes Farbschema eine hervorragende Möglichkeit der Ausstattung mit begrenztem Budget. ›Funde‹ der Heilsarmee kann man durch Anstriche radikal verjüngen und sicher sein, daß sie lebhafte Kommentare hervorrufen. Wenn eine massive Farbe zu zahm erscheint, bieten Streifen oder Kreise dynamische Alternativen. Farbpapier, das man in geometrische Formen ausschneidet und auf eine Tischplatte klebt, kann eine zeitweilige Laune unterstreichen, ohne daß man sich der Mühe unterziehen muß, über die Dauerhaftigkeit der Wirkung nachzudenken. In unserer Zeit der großen Zerstörung der Umwelt haben die Menschen schon Erfahrung darin, aus dem, was sie haben, das Beste herauszuholen. Wenn ihre Fenster in einen düsteren Lichtschacht oder gerade auf die Nachbarwohnung führen, lenken sie sich von der Trostlosigkeit des Ausblickes durch die Farbenfülle im Inneren ab. Sogar schlechtes Wetter wird weniger schmerzlich empfunden, wenn die Farbpalette Sommer und Sonne suggeriert.

Weiße Farbe bleibt noch immer eine der erfolgreichsten Verkleidungen aller Zeiten. Ein Übermaß an Türen, ausgezackten Wandvorsprüngen oder plump angebrachten Balken verschwindet leicht unter einer einzigen großen Decke von beruhigendem kühlem Weiß. Und wie die neutralen Mitkämpfer Beige und leuchtendes Silber hat Weiß den zusätzlichen Vorteil, daß es einen Raum viel größer erscheinen läßt, als er ist.

Klug eingesetzte Farbe kann eine enorme Hilfe sein, wenn es darum geht, plumpe Raumproportionen zu vertuschen. Ein langer, schmaler Raum erscheint breiter, wenn die Wände an beiden Enden in warmen Farben wie Gold oder Aprikot gestrichen sind. Ein beengender Raum wirkt geräumiger, wenn die Wände in kühlem Blau oder Grün gehalten sind. Diagonal angebrachte Schwaden kräftiger Farben verändern die Perspektive eines kleinen Raumes und lassen ihn breiter und offener erscheinen, als er ist. Die Decken sehen höher aus, wenn an den Balken, an schmalen Trennelementen oder freistehenden Metallkaminen großzügig Farbe verwendet wird, die das Auge nach oben lenkt.

Sogar die wirkliche Form eines Raumes kann durch Tricks, wie etwa eine vorgetäuschte Leiste an der Decke, die der Bemalung des Fußbodens in ergänzenden oder Kontrastfarben entspricht, verändert werden. Die Trennlinien zwischen Eßplatz und Wohnareal werden häufig nur durch die Farbgebung des Bodens und der Decke angedeutet, anstatt feste Wände zu verwenden, die außerdem den Nachteil haben, Licht und Raum wegzunehmen.

Wenn in einem Innenraum die Architektur, sei es in auffallender oder auch kaum erkennbarer Weise, in Erscheinung tritt, versuchen die stolzen Besitzer oft das Beste herauszuholen, indem sie kräftige Farben verbannen und alle Aufmerksamkeit auf die interessante Raumwirkung lenken. Ein monochromatisches Schema, das nur durch orientalische Teppiche oder großformatige Bilder belebt wird, erfüllt diese Funktion sehr wirkungsvoll.

Neutrale Farben bilden auch einen hervorragenden Hintergrund für Menschen. Indem man den Farbgehalt eines Raumes vermindert, wird die Aufmerksamkeit auf die Farbe der Kleider der Gäste und auf ihre Persönlichkeit gelenkt. Farbe bewährt sich als Zauberer bei psychologischen Stimmungen. Dunkle Farben wie im Mutterschoß erwecken bei vielen Menschen das Gefühl der Sicherheit. Andere wieder fühlen sich durch die fröhlichen Reaktionen auf sonniges Gelb getröstet. Klare Farben wirken den Depressionen entgegen, unter denen selbst die Heitersten manchmal leiden. In großen, weißen Räumen fühlt man sich freier und fröhlicher.

Blau ist ein beruhigendes Gegengift bei manischen Veranlagungen. Passive Menschen werden unter dem anfeuernden Einfluß von Rot aktiv. Früher wurden blasse und sentimentale Farben traditionsgemäß mit den Räumen junger Mädchen und den Boudoirs der Damen in Verbindung gebracht. Aber heute fordern die Frauen einen Teil der Farbaktivität für sich und lieben in ihrem Heiligtum Farben, die so kraftvoll aufrüttelnd wirken wie die erste Tasse Kaffee am Morgen.

Seit die unberührte Landschaft um ihr Lebensrecht kämpfen muß, sind durch die Natur inspirierte Farbzusammenstellungen beliebter als je zuvor. Kombinationen wie weißgetünchte Wände, Terrakottaböden, Polsterungen aus Naturleder und weiße Wollteppiche, sind typisch für die besten Lösungen in diesem Genre. Ein natürliches Farbschema ist besonders dann wünschenswert, wenn ein schöner Ausblick vorhanden ist. Damit wird ein harmonisches Gleichgewicht zwischen der Textur und den Farben im Innern und der Szene draußen hergestellt.

In unserer Zeit ist es schwer, sich der Farbe gegenüber gleichgültig zu verhalten. Die unendlichen Möglichkeiten der heutigen Kultur verlangen es fast gebieterisch, daß wir ausdrücken, wer wir sind und welche Art von Umwelt wir durch gewisse Entscheidungen bevorzugen. So ist es ein glücklicher Umstand, daß die Farbe ein Mittel zur Selbstverwirklichung ist, das außer einem bescheidenen Aufwand an Nachdenken, Zeit und Material wenig Ansprüche stellt. Allerdings birgt das Spiel mit der Farbe auch Risiken. Wer hier einmal aus Liebhaberei angefangen hat, wird nur schwer der Versuchung widerstehen können, ein begeisterter Anhänger zu werden.

Irgendeine Farbe gefällig?

1

2

3

Haus Ben Baldwin

1 Das Untergeschoß einer abgerissenen Villa in East Hampton, Long Island, regte die Phantasie des Designers Benjamin Baldwin an, der den Platz in einen ›Garten‹ verwandelte. Er riß den Betonboden heraus und verwandelte das Loch mit den bestehenden Trennwänden – unter Verwendung der obersten Bodenschicht, eines Rotholzdeckes und Ziegeln – in Würfel verschiedener Größe und auf verschiedenem Niveau, die nun zum Sonnenbaden, zum Schwimmen, Lesen und als Garten verwendet werden. Als Ergänzung für diesen ›Garten‹ entwarf er ein einfaches Holzhaus in Zusammenarbeit mit Earl Pope. Sie wählten holzgerahmte Glastüren und Fenster, weil diese ›so gut zu dem Holzhaus passen‹.

2 Eine Oberlichte läßt wunderbares natürliches Licht in das Badezimmer fallen. Farne und ein Druck von Matisse verleihen der übergroßen Badewanne Textur und eine überraschende Note. Die weißen Kacheln auf dem Boden, an den Wänden und der Wanne bilden einen kühnen

Kontrast zu der Holzdecke und den Balken, auf denen einfache kugelförmige Beleuchtungskörper montiert sind.

3 Schieferböden, Wände und Decken aus Felsplatten und naturbelassene Balken bilden die nackten Knochen dieses scheunenartigen, aus Trägern und Balken konstruierten Hauses. Der erste Stock ist in drei Räume, nämlich Wohnraum, Eßraum und Küche (nicht abgebildet) geteilt, die aber einen Raum bilden, wenn sie auch verschiedene Funktionen haben. Ein Papierschirm über einer Lampe mit Rheostat hängt über dem alten französischen Speisezimmertisch. Links ist eine 1,5 m breite Wendeltreppe, die wie eine geschwungene Skulptur aussieht. Die einfache Einrichtung kombiniert die antiken Kerzenleuchter, die Truhe und den antiken Sessel mit einem Safari-Sessel, mit Giacometti-Lampen und einer eingebauten Palette mit weichen Kissen. Gleichartige Kalbfellteppiche bilden ein einheitliches Element in Wohn- und Speisezimmer.
Photos: Jon Naar

Cugini Apartment

4 Ein Lagerhaus aus dem Jahr 1888 in der neuaufgebauten Ufergegend in Boston wurde von Architekt Gerard Cugini ausgeräumt, die ersten drei Stockwerke wurden in Büros, und die oberen drei in eine Wohnung verwandelt. Das gesamte Tageslicht für die Wohnräume mußte durch ein einziges Fenster, das auf den Hafen hinausgeht, und durch eine Anzahl von Oberlichten im Dach gewonnen werden, weil die Seitenwände aus Ziegeln Feuermauern zu anderen Gebäuden bilden. Eine neue plastische Konstruktion ragt als Trenndecke aus einem zentralen Servicekern hervor. Im Gegensatz zu dem rohen Ziegelwerk der bestehenden Wand sind die Plattformen und Brücken glatt und enthalten eine Speiseecke mit einem runden Balkon und eine Küche. Cugini stellte ein langes, samtbedecktes Sofa etwas hinter dem Rand des 2,1 m hohen Baldachins auf, der durch Plattform und Brücke gebildet

wird, so daß die Leute, die hier sitzen, das Gefühl haben, ein Teil des 11 m hohen leeren Raumes dahinter zu sein, ohne daß dies beängstigend wirkt. Die Beleuchtung, eine Punktelinie, die dem Umriß des Baldachins folgt, lenkt die Aufmerksamkeit auf die Abgrenzung zwischen der niederen Decke, die durch die Plattform entsteht, und den hohen Raum dahinter. Ein gedämpftes monochromatisches Farbschema aus Beige und Schmutzigweiß ist dem Raumdrama untergeordnet. Cugini wählte sowohl für die würfelförmigen Tische als auch für das vorspringende Servierbrett Spiegeloberflächen, die die vielfältigen Raumbilder zurückwerfen. Der weiße Porzellanofen auf einer erhöhten, mit braunen Kacheln belegten Plattform wirkt wie eine kleine Skulptur, die zugleich die Kurven des Balkons wiederholt. Ein rautenförmiges Gemälde bringt die einzige kühne Farbnote in den Raum.

Photo: Louis Reens

5   6

7

10 ▶

8   9

British Cottage

5 Im Gästeschlafzimmer im Haus von Dr. Roger Gilliatt und seiner Frau, verdeckt bedruckter Stoff, der zwischen den alten handbehauenen Pfosten und Balken gespannt ist, die Risse in den Wänden und der Decke. Ein Binsenteppich kaschiert einen stark zerkratzten Boden. Jalousien bedecken die vielscheibigen Fenster. Ein altmodisches Metallbett, in frischem Weiß gestrichen, wird durch eine zartweiße Bettdecke ergänzt. Drucke und Bilder sind diskret nur zwischen den Fenstern und auf einem der Pfosten angebracht, um Ruhe in die verschiedenartigen Muster des Raumes zu bringen.

6 Mary Gilliatt, eine englische Schriftstellerin, die das Design gleichermaßen beherrscht, erschütterte die Tradition, indem sie die Deckenbalken in ihrem Speisezimmer weiß anstrich, anstatt sie dunkel-natur zu belassen. Weiterhin wurden muskatnußbraune Wände für das Wohnzimmer gewählt, die eine Ergänzung zur Wärme der Ziegelböden und des Kamins – beide aus dem ursprünglichen Haus übernommen – bilden. Der Eisenschild an der Vorderseite des Schornsteins ist ein altes deutsches Ladenzeichen aus dem 17. Jahrhundert. Die römischen Jalousien sind mit dem gleichen Chintz in Orange, Braun und Weiß eingefaßt, der den Refektoriumstisch belebt. Der Speisezimmertisch und die Sessel mit den Binsensitzen wurden aus der Umgebung bezogen.

7 Als Mary und Dr. Roger Gilliatt dieses Bauernhaus (Jahrgang 1580) in Suffolk, England, kauften, beschlossen sie, die brauchbare viktorianische Fassade zu erhalten, aber einen kleinen Zubau aufzugeben. Sie strichen die Wände in fröhlichem Suffolk-Rosa und brachten Rahmungen wie bei einem Pfefferkuchen an.

28

8 Rotgestrichene Balken vereinigen den Frühstücksplatz mit der Küche, die aus der ursprünglichen Speisekammer gewonnen wurde. Ein überdimensionaler Fichtenholzkasten bietet Unterbringungsraum für Geschirr und hat zugleich die Funktion eines Raumtrenners. Die Kästchen in beiden Räumen kombinieren weiß gestrichene Masonite-Türen mit Deck- und Seitenflächen aus naturbelassenem Fichtenholz und erzielen damit einen einfachen, ländlichen Eindruck.

9 Im Elternschlafzimmer bricht leuchtendorange Farbe aus den Wänden und der Decke hervor. Diese große Menge Orange wird durch weiße Umrandungsstreifen bei den Kastentüren unterbrochen. Die Jalousien und der Bettüberwurf sind aus dem selben grünen Lebensbaumdruck auf weißem Grund angefertigt. Frau Gilliatt ließ den Raum größer erscheinen, als er tatsächlich ist, indem sie möglichst wenig Möbel hineinstellte. Ein einfacher antiker Tisch und ein Sessel passen harmonisch zu den sauberen Linien der Kopfleiste aus Messing.

10 Das Wohnzimmer gewann eine großartige Atmosphäre von Geräumigkeit, als die Wände an beiden Seiten des Kamins niedergerissen waren und damit die Sitzgruppe der Luft und dem Licht des Speisezimmers zugänglich wurde. Der Kamin verdeckt die Sicht auf den Eßzimmertisch mit der unvermeidlichen Unordnung nach dem Essen. Das Feuer brennt nun auf Augenhöhe mit der Sitzgruppe, die aus einem bequemen Ohrensessel aus dem 18. Jahrhundert und Sofas mit schwarzen Lackrahmen und gelben Lederkissen besteht. Der runde weiße Kaffeetisch ist eine wirkungsvolle Folie zur Geradlinigkeit der Balken, des Kamins und der Sofas.

Photos: Brian Morris

11

14

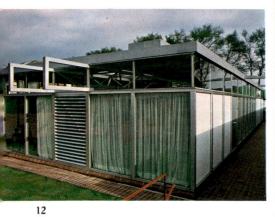

12

15

16

13

17

Haus Schofield Wright

11 In diesem Haus in Yorkshire, England, bricht in der durch gleichmäßiges Weiß und Grau gedämpften Küche ein leuchtendrotes Paneel wie ein dynamischer Farbblitz hervor. Der mit weißem Formica belegte Tisch dient ebenso für ungezwungenes Essen wie auch als Arbeitsfläche.

12 Das Haus, das von Walker, Wright und Schofield entworfen wurde, ist eine Aluminium-Schachtel mit undurchsichtigen und verglasten viereckigen Feldern unter dem darüber verlaufenden durchgehenden Fenstergeschoß. So kann das Tageslicht zu jeder Tages- oder Jahreszeit den Innenraum aufheitern. Die gesamte Pflasterung außen besteht aus Ziegeln in einem kräftigen Rot.

13 Eine Metallkonsole aus Dreieckselementen ist das dominierende visuelle Element in allen Räumen dieses Hauses. Hier im Wohnzimmer harmoniert die Einrichtung, strenge klassische Moderne von Mies van der Rohe und Marcel Breuer, wunderbar mit der unverhüllten Struktur. Das starke Rot der Ziegelverkleidung des Installationsblockes und ein Telefon beleben das Ganze beträchtlich. Zur Kasteneinheit — entworfen von Walker, Wright, Schofield, gehören ein Kühlschrank, ein Barschrank und ein Hi-Fi-Gerät.

14 Der weiße indische Teppichbelag verbindet diesen Ankleideraum mit dem anschließenden Elternschlafzimmer (nicht abgebildet). Ein Doppelwaschbecken und ein langgestreckter Spiegel an der einen Wand finden ihre Entsprechung in den Laden einer eingebauten Stellage auf der gegenüberliegenden Seite. Ein mit braunen Kunststoffplatten verkleideter begehbarer Kasten an der Rückwand fügt einen kräftigen Farbakzent hinzu.

15 Der Eingang zu der Garage auf Straßenniveau besteht aus einer kühnen Komposition von Winkeln und Flächen aus roten Ziegeln. Die Garage bietet Platz für einen Installationsblock zur Heizung und Lüftung sowie für zwei Autos.

16 Elektrisch betriebene Drehfinnen erlauben den Besitzern, das Speisezimmer entweder als intimen Raum abzuschließen, oder es nach einem ziegelbelegten Innengarten zu öffnen.

17 Die Rohrkonstruktion der Stützträger wiederholt sich im Entwurf des Speisezimmertisches und der Sessel. Den leuchtendroten Ziegelboden kann man durch die Glasplatte des Tisches bewundern. Ein Serviertisch aus weißem Kunststoff enthält einen versenkten Wärmeofen für Lebensmittel und Teller.

Photos: Michael Boys

33

18

19

Wohnung Bohan

18 Die erwartete Gleichförmigkeit schöner alter Gemälde und Plastiken zu beiden Seiten eines Kamins wird im Schlafzimmer von Marc Bohans Pariser Wohnung glänzend durchbrochen, wenn überraschend ein rassiger moderner Sessel von Pierre Paulin auftaucht. Das Guanaco-Fell auf der Couch und ein Bärenfell auf dem schmutzigweißen Teppich gleichen die steife Formalität der mit grüner Seide tapezierten Wände aus.

19 Marc Bohan, der führende Geist bei Christian Dior in Paris, entwarf seine Wohnung so wie er ein Kleid entwirft. Derselbe Geschmack und Flair, dieselbe Abneigung gegen weithergeholte Experimente, die auch seine Couture-Kollektion kennzeichnen, finden sich hier. Im Wohnzimmer sind moderne und antike Möbel und Gegenstände mit dem Auge des Kenners und nicht mit dem eines Schaustellers kom-

biniert. Eine ›Maschine‹ von Tinguely, skulpturelle moderne Hocker und ein großer italienischer Kaffeetisch mit einer goldlackierten Tischfläche fühlen sich sehr wohl in der Gesellschaft schöner alter Antiquitäten.

20 Der elegante und dennoch intime Speiseraum hat mit roter Seide tapezierte Wände, eine Tischfläche aus weißem Formica, Wolkenvorhänge und weiße Spritzgußplastik-Sessel mit roter Polsterung. Der Steinfußboden stammt aus einem Herrenhaus aus dem 17. Jahrhundert.

Photos: Roger Gain

Wohnung Gae Aulenti

21 Diese verblüffende Wohnung des italienischen Architekten Gae Aulenti ist eine bemerkenswerte Mischung von Zeitstilen, die durch einen starken modernen Rahmen zusammengehalten werden. Die starren Konturen und die Wucht der Betonstellagen, wo eine Sammlung alten Porzellans ausgestellt ist, werden durch einfache weiche Vorhänge vor den Fenstern ausgeglichen.

Spiegel in reich dekorierten antiken Goldrahmen reflektieren die gemeißelte Klarheit der Arco-Lampen, die, von einem Marmorfuß aufstrebend, an einem Metallständer in den Raum hineinragen. Das Marmormotiv kehrt in zwei von dem Architekten entworfenen Tischen wieder. Tischlampen in Blütenform, ebenfalls von Aulenti, überbrücken die stilistische Kluft zwischen den alten und den neuen Stücken. Das bequeme schwarze Ledersofa und die Stühle sind von Scarpa. Die Böden aus glänzendem Nußholz, das mit einem Anilinfinish bearbeitet wurde, sind ohne Teppich belassen, um das Spiel von Licht und Schatten auch hier fortzuführen.

Photo: Carla de Benedetti

Wohnung Hartman

22 Ein großzügig dimensionierter Fenstersitz mit eingebauter Truhe und ein mit braunem Samt bezogener viktorianischer Liebessitz bilden jeweils den Mittelpunkt von zwei Plauderecken im Wohnzimmer dieser Zwei-Zimmer-Wohnung in Washington, D. C. Chinesischrote Wände und eine ebensolche Decke trennen den Sitzerker fast wie einen Raum im Raum von der Umgebung ab. Ein halbkreisförmiger Queen-Anne-Tisch und ein antikes Kapitäns-Schreibpult mit schräger Vorderseite fügen sich harmonisch in den modernen architektonischen Rahmen, den Architekt Georg Hartman, und seine Frau Ann als Innenarchitektin, geschaffen haben.

23 Dieses eineinhalbstöckige
Atrium, das durch eine Oberlichte
abgeschlossen ist, bringt natürliches
Tageslicht in das früher dunkle Zen-
trum der Wohnung. Schachtelförmi-
ge Theken trennen nicht nur die
Räume, ohne offene Flächen zu
opfern, sondern bieten auch Raum
zur Unterbringung von Gegenständen, und dienen zugleich als Buffet,
als Sitze und als Beistelltische. Die
grellweißen Wände bilden einen
neutralen Hintergrund für vielfäl-
tige, rot gestrichene Ausnehmungen.
Die Ausnehmung rechts über der
Flagge läßt Raum für zwei Schlafkojen für Gäste. Wenn die Hart-
mans Logierbesuch haben, werden
die Pflanzen von der Leiter entfernt,
so daß die Besucher in ihre Betten
klettern können. Die Holzkistchen
an der Wand ermöglichen es, Zeitschriften und übergroße Bücher
ordentlich zu verstauen.

Photos: John T. Hill

24

25

26

27

28

Wohnung Zenacker

24 Diese Kombination von Badezimmer und Ankleideraum in einer Pariser Wohnung ist zugleich verblüffend einfach und luxuriös. Die Badewanne, die auf einer erhöhten, mit weißem Linoleum bedeckten Plattform steht, ist auf gleicher Höhe wie das Waschbecken und der Frisiertisch. Die Beleuchtung ist hinter Leisten aus rostfreiem Stahl verborgen, die die langen rechtwinkeligen Linien der Tischlerarbeiten aus weißem Formica wiederholen. Im Vordergrund wird durch die Musterung eines blau-weißen Teppichs ein neues Element eingeführt; dennoch bildet ein Vasarely-Gemälde auf Metall den visuellen Mittelpunkt.

25 Eine Plattform aus rostfreiem Stahl ist wie ein Rahmen um den gesamten Raum gezogen, der mit Tisch, Stühlen und Teppich wie ein überdimensionales Stilleben wirkt. Die Kästen, die Tischzeug, Gläser und Geschirr enthalten, sind hinter den vom Boden bis zur Decke reichenden Türen aus schwarzlackierten Holzstreifen und weißem Formica verborgen.

26 Im Schlafzimmer erweckt eine Spiegelwand die Illusion der doppelten Raumgröße. Der weiße Formicatisch neben dem Bett sieht wie dessen Sprößling aus. Das Licht der Bodenlampe, die aus einer weißen Kugel auf einem Ständer aus rostfreiem Stahl besteht, wird durch Lichter auf einer Schiene aus rostfreiem Stahl ergänzt. Derselbe blaue Stoff, mit dem die Wände tapeziert sind, wurde für die Jalousien der Fenster verwendet.

27. Diese von Francois Catroux entworfene Wohnung befindet sich in einem altmodischen Gebäude mit den typischen reichen Architekturdetails seiner Zeit. Die Besitzerin, Frau Zenacker, Direktrice der Dior-Boutique, wollte sie durch einen modernen Rahmen und zeitgemäße Möbel völlig verändern. Catroux entsprach diesem Wunsch mit strengen, technologisch glatten Materialien und einem durchgehenden Farbschema von Blau und Weiß. Im Speisezimmer ist auf Glasstellagen, die auf einer Abstrakta-Struktur montiert und erhöht auf einer Plattform aus rostfreiem Stahl angebracht sind, die Bilder- und Kunstsammlung der Besitzerin ausgestellt. Die Platte des Speisezimmertisches aus rostfreiem Stahl scheint auf dem spiegelverkleideten Fuß zu schweben.

28. Im Wohnzimmer sind die mit weißem, stark strukturierten Tweed überzogenen Bänkchen auf der gleichen Plattform aus rostfreiem Stahl angeordnet, die auch als Herdplatte beim Kamin dient. Die durch Rheostat regulierten Punktlichter können auf Schienen aus rostfreiem Stahl bewegt werden und wahlweise die Kaminvorderseite oder Bilder und Skulpturen beleuchten. Der viereckige Tisch im Vordergrund greift das immer wiederkehrende Thema Stahl noch einmal auf.

Photos: Roger Gain

49

Haus Betts

29 Dieses weitläufige, altmodische Haus neben dem Hudson River in Bronx erlebt nun sein drittes Leben. Es wurde 1900 als Bibliotheksflügel eines nicht ganz stilreinen georgianischen Herrenhauses gebaut. Im Jahr 1950 wurde es etwas weiter die Straße hinunter auf ein Grundstück von 60 a verschoben und erhielt zwei eigene Flügel angefügt. Später verwandelte Architekt Hobart Betts das eher schwere und düstere Interieur in lichte, moderne und lebendige Räume.

30 In diese geräumige, völlig weiße Küche bringen lediglich die Tischmatten, das Porzellan, Pflanzen, Obst und Gemüse Farbe. Eine ›Arbeitsinsel‹ aus einem Schneidbrett wurde so gestaltet, daß sie zwei Leuten Raum bietet, die jeweils auf einer Seite schneiden können. Die Pflanzen werden hier im Winter unter einer besonderen Lichtröhre, die die Sonne ersetzt, gezogen. Die Deckenleuchten werden durch Leuchtstoffröhren ergänzt, die in die Kästchen rund um das Fenster eingebaut sind. Die weiße Theke und die Abdeckungen sind aus Kunststoff, ebenso die Tischplatte. Der Boden ist aus Kork.

31 Das Wohnzimmer, früher eine dunkle und schwere Bibliothek, wurde in einen lichtdurchfluteten, angenehmen Raum verwandelt, indem man die nichtssagende alte Wandverkleidung verdeckte, die elegante Stuckdecke knochenweiß strich und den Parkettboden mit dem Vierblattmuster freilegte. Anstelle des alten Kamins befindet sich nun eine große, einfache, viereckige Form, die besser zum Maßstab des Raumes paßt und zugleich als Galerie für eine wechselnde Ausstellung von Bildern und Fotos dient. Der Eßtisch, der zugleich als Spieltisch dient und wo auch die Kinder ihre Hausarbeiten machen, ist von Mies-Stühlen umgeben. Eine Joe-Colombo-Lampe, Kissen, Blumen, Bilder und Kunstwerke setzen leuchtende Farbtupfen auf das neutrale Weiß und Grau des Hintergrundes. Das alte Klavier rechts wurde für 25 Dollar erworben und weiß gestrichen.

Photos: John T. Hill

32

33

34

Haus Mah

32 In diesem Haus in Memphis, Tennessee, scheint der auf einem Balkon eingerichtete Elternschlafraum, an sich schon sehr groß mit den Maßen 5 × 8 m, doppelt so ausgedehnt dadurch, daß er sich an einer Seite nach oben hin zu einem spitz zulaufenden Zeltdach und nach unten hin in einen Familienraum öffnet. Diese Anlage sorgt für Abgeschlossenheit ohne Absperrung. Eine Kopfleiste mit eingebauten Bücherbrettern bestimmt die Grenzen des Raumes, ohne jedoch den Raumfluß zu unterbrechen. Der beige Spannteppich auf dem Boden und die weißen Vorhänge unterstreichen zusätzlich die Atmosphäre von Luft und Licht, ebenso wie der aufblasbare Plastikstuhl, der im Sonnenlicht Funken zu sprühen scheint.

33 Die Fassade dieses von Architekt Francis Mah entworfenen Hauses ist mit schmalen Rotholzschindeln bedeckt, deren Ecken abgerundet sind und damit eine weiche Linie hervortreten lassen. Die graue Beize, die weißen Einfassungen und die zurückhaltende Verwendung von Glas erinnern an ein Bauernhaus, so weit es nötig ist, um eine Übereinstimmung mit der Architekturtradition der Umgebung herzustellen. In dem Turmaufbau auf dem Dach verborgene Schornsteine sorgen für einen Abzug von den Kaminen im Elternschlafraum, im Wohnraum und im Familienraum.

34 Eine schräge, mit Naturfichtenholz getäfelte Decke erhebt sich wie ein großes Zelt über dem Balkon mit dem Elternschlafraum und über der Fläche des Familienraumes und Studios. Versenkte Strahler beleuchten ein eingebautes Schreibpult, von wo aus man einen ruhigen Ausblick auf die Bäume im Hinterhof hat. Bücherstellagen aus demselben gebeizten Fichtenholz wie das Pult sind in die Wand eingebaut. Die Wendeltreppe aus schwarzem Metall, die zum Elternschlafraum führt, sieht wie eine Skulptur aus, die sich aus einer riesigen weißen Schachtel erhebt. Die schwarzen Leinenkissen auf den großen bequemen Korbsesseln wiederholen das Schwarz der Schieferböden. Rechts von dem mit blauen Samt bezogenen Sofa befindet sich der Eßraum.

Photos: John T. Hill

Haus Abbott

35 Ein schmales Grundstück ohne Ausblick, an zwei Seiten zwischen nichtssagenden Häusern eingeklemmt, ließ in Architekt Richard Owen Abbott den Plan für ein nach innen gerichtetes Haus mit einem einzigen monumentalen Innenraum entstehen. Ein 2,10 m hoher Zaun schirmt den unteren Teil ab und eine erfindungsreiche Kombination von Paneelen und Fenstern läßt genügend Licht ein und schützt das Innere doch vor neugierigen Blicken. Luftschlitze sorgen für eine natürliche Ventilation. Der stark geometrische Eindruck, der durch die beinahe sieben m hohen Stützträger und Paneele entsteht, wird nachts noch durch die Beleuchtung unterstrichen, die dem Dach ein schwebendes Aussehen verleiht. Der Balkon ragt aus einem kleinen Mezzaninstudio hervor.

36 Eine altmodische Kredenz, in zeitgemäßem Stil mit Super-graphik bemalt, sorgt für Farbe und Laune in der funktionellen, aber zugleich kompakten Küche von 3,30 m im Quadrat. Die Ab-wäsche aus rostfreiem Stahl wurde unter einem Fenster angelegt, so daß man beim Geschirrspülen einen Blick auf die Außenwelt hat.

37 Die Stützträger, von denen jeder ein wenig anders gestaltet ist, sind die Voraussetzung für einen spektakulären Innenraum, der einer großen Halle ähnelt. Die abgesenkte Sitzgruppe aus Spanplat-ten mit wetterfesten Teppichen in Königsblau ist auf den vorne offenen Ofen ausgerichtet, dessen schlanker Schornstein ein weiteres vertikales

Element im Raum bildet. Der zum Schlafen bestimmte Mezzanin in der-selben Größe wie die Sitzecke, bringt einen horizontalen Schub in den Raum und damit ein menschliches Element in den imposanten Maß-stab. Die einfache Einrichtung kombiniert eingebaute Sitzmöbel mit ländlichen Antiquitäten und erhält durch Teppiche und Kissen ihre Farbakzente.

Photos: John T. Hill

38

39

40

41

42 ▶

Haus Stern

38 Eine Tapete, entworfen von Pop-Maler Roy Lichtenstein und auf Silber-Mylar gedruckt, wurde für die Eingangshalle als modernes Äquivalent zur Blumentapete ausgewählt, die sich wahrscheinlich hier befunden hatte, als das Haus 1906 errichtet wurde. Die Diagonalen des Musters wiederholen die Schräge des Stiegengeländers und betonen die jäh aufsteigende Höhe des zweigeschossigen Raumes. Die Naturoberfläche des Bodens und die weißen Architekturdetails bilden das Leitmotiv der leichten, luftigen Atmosphäre, die im ganzen Haus herrscht. Ein moderner weißer Plastikwürfel, der als Telefontischchen benützt wird, steht in wirkungsvollem Kontrast zu der im Hause vorgefundenen, aus dem 19. Jahrhundert stammenden Kopie eines Queen-Anne-Sessels.

39 Architekt Robert Stern fügte eine moderne Sonnenterrasse an dieses Strandhaus aus verwitterten Grauschindeln, und erreichte damit, daß es nun dem Licht und der Luft von außen zugänglich ist. Ergestaltete lieber ein altes Haus um, als ein neues zu entwerfen, weil er glaubte, so größere Räume und mehr Platz um denselben Preis zu bekommen.

40 Gleichartige Spiegel und gleichartige Glühbirnenreihen darüber sind in diesem amüsanten Badezimmer an gegenüberliegenden Wänden angebracht und erzielen so die Illusion eines sich fortwährend ausdehnenden Raumes. ›Für die Kinder ist es wirklich ein herrlicher Spaß‹, erzählt Stern. Ein neuer Gasofen erzwang die L-Form des Badezimmers, aus der Stern mit Hilfe von Farben Kapital schlug. Eine orange Wand in Email – Tagesleuchtfarbe bildet ein Minifoyer für den eigentlichen Baderaum, der in ergänzendem Gelb gestrichen ist. Der Boden

ist mit weißen Vinyl-Kacheln belegt. Das alte Waschbecken gehört zum ursprünglichen Bestand des Hauses.

41 Das Schlafzimmer dient zugleich als Wohnraum. Ein riesiges, geflecktes Gemälde von Peter Young schlägt den Farbton für die hellblauen Wände im Ankleideraum und das tiefere Blau zu beiden Seiten des alten Fasses an. Stern entwarf eine zeitgemäße Version eines alten Kleiderschrankes mit genug Platz für Kleidungsstücke und für Winter- und Sommerdecken. Die Farbe Weiß herrscht überall vor, bei den Bodenbrettern, den Wänden, einem Fauteuil von Scarpa, einem weißen weichen Bärenfell und einem zylinderförmigen Plastiktisch.

42 Eine gedeckte Veranda nach einem Entwurf von Stern ist der einzige moderne Zusatz zum ursprünglichen Äußeren des Hauses. Im Winter können die einzelnen Paneele leicht entfernt und durch Glas ersetzt werden, um das Sonnenlicht einzufangen, das durch die unbelaubten Bäume fällt. Die ausgezackten Paneele über den Fenstern verkleiden die indirekte Beleuchtung. In die Decke sind Strahler eingelassen. Die Einrichtung ist auf ein Minimum eingeschränkt, um nicht von der luftigen Atmosphäre des Innenraumes und von der Umgebung mit ihrem Gras, ihren Bäumen und Blumen abzulenken. Die Familie Stern nimmt häufig ihr Frühstück an dem Metalltisch mit der weißen Plastikplatte ein. Die mit purpurfarbenem Filz bezogenen italienischen Stühle von Magistretti heben sich von dem völlig weißen Hintergrund kräftig ab.

43

44

43 Die altmodischen Details – Balkendecke, Fenster mit vielen Scheiben und die Täfelung – verleihen dem Speisezimmer mit seinem strengen Weiß und dem Korb-Material einen dekorativen Reiz. Stern entschloß sich, in diesem Raum keine elektrische Beleuchtung anzubringen, und zog es vor, bei natürlichem Dämmerlicht oder bei Kerzenschein zu essen. Ein modernes, von Stern entworfenes Buffet aus lackiertem Holz mit einer weißen Formica-Platte ist in eine Ausbuchtung eingebaut, so wie es früher bei traditionellen Buffets der Fall war. ›Ich wollte, daß die moderne Dekoration ein Kommentar zum ursprünglichen Geist des Hauses ist‹, erklärte Stern. Der viereckige Tisch ist die größere Version eines Parsons-Tisches, zwei Meter im Quadrat, aus weiß lackiertem Holz.

44 Die große Landküche wurde modernisiert, aber der alte Charakter blieb erhalten. Eine weiße Formicafläche in der Mitte dient zum Essen, Arbeiten und Kochen und ersetzt den ursprünglichen Mitteltisch; die Beleuchtung erhält sie durch eine weißgestrichene Industrieleuchte. Nischen über dem Kühlschrank dienen zur Aufstellung von Kunstgegenständen oder schönen Küchengeräten. Die Decke erhielt einen Anstrich in jener leuchtenden Aluminiumfarbe, die man üblicherweise für Heizkörper verwendet; ein grauer, wetterbeständiger Teppich bedeckt den Boden.

45 In diesem geräumigen, sonnengesprenkelten Gästezimmer verbirgt grüne Jute die unebene und von Rissen durchzogene Wand. Der Fußboden und eine Nische, die noch immer die ursprünglichen Architekturdetails zeigt, sind weiß gestrichen. Der leuchtende Baumwolldruck sowohl der Bettenüberwürfe als auch der Polsterung des Sessels, vereinigt beide Farben. Lediglich das Stella-Plakat über dem Kamin bringt einen anderen Rhythmus in dieses ländliche Farbschema. Die ursprünglich dunklen alten Möbelstücke wurden mit weißem Farbanstrich aufgehellt.

46 Die Böden, der Fenstersitz und die Wände in diesem hellen, luftigen Raum sind weiß gestrichen. Weiße Plastiktische und die Bar in der Kaminecke brauchen trotz der feuchten Meeresluft keine besondere Pflege. Bäume, die in der Nacht angestrahlt werden, bilden einen natürlichen Schirm vor den Fenstern und erübrigen Vorhänge oder Jalousien, wenn man Abgeschlossenheit wünscht. Die raffinierten Boden- und Tischlampen sind hypertechnische Designs, die als verblüffende Folie für den alten Kamin und die holzgetäfelten Wände wirken.

Photos: John T. Hill

Wohnung Bourgeois

47 Der geräumige Wohnraum dieses Apartments in einem alten Bürogebäude auf dem Linken Ufer in Paris ist einerseits in eine Wohn- und Arbeitsfläche, und eine Wohn- und Schlafzimmerfläche andererseits geteilt; die letztere kann durch eine Schiebetüre abgetrennt werden, wenn man ungestört sein will. Einige Innenwände wurden niedergerissen, um die würfelförmigen Räume in großflächigere zu verwandeln. Die übriggebliebenen Wände, mit tabakfarbenem Stoff bespannt und weißen Rahmen eingefaßt, bieten reichlich Platz für Bücher, Gemälde und orientalische Teppiche. Ein riesiges Bett, das zugleich als bequemes Sofa dient, ist mit dunkelbraunem Leder überzogen. Die pilzförmige orangefarbene Plastiklampe bildet einen starken Farbfleck. Dieselbe Lampe, nur diesmal in Weiß, findet sich auf einem Schreibtisch aus Stahl mit Chrombeinen und einer polierten Platte. Isabelle Hebey hat sowohl die Wohnung, wie auch den Tisch entworfen. Der anmutige weiße Plastikstuhl beim Schreibtisch bringt eine elegante Note in die Anhäufung von Büchern, Papier und sonstigen Gegenständen hinter dem Tisch.

48 Die dramatische Wirkung des Speisezimmers entsteht durch den Kontrast zwischen strenger, klassisch-moderner Einrichtung und einer Reihe von Gemälden von Fromanger in lebendigen Pastellfarben und phantasievollen Formen. So wie im anderen Wohnraum dominieren auch hier Braun und Weiß als neutrale Hintergrundfarben. Die Wände und die Saarinen-Sessel sind mit tabakfarbenem Stoff bezogen, die Fußböden unbedeckt belassen, um die Wärme des Holzes hervorzuheben. Frische weiße Punktlichter, die zum Teil in die Decke versenkt sind, beleuchten die Gemälde.

Isabelle Hebey entwarf auch den großen ovalen Speisezimmertisch auf einem Fuß aus rostfreiem Stahl, der eine Formicaplatte mit mattierter Oberfläche trägt.

49 Dieses einzigartige Badezimmer ist eine ›Tour de Force‹ in rostfreiem Stahl und schwarzem Marmor. Die Wände und die Badewanne rechts sind mit rostfreiem Stahl verkleidet, dessen bläuliche ›Gewehrlauf‹-Oberfläche durch eine Spezialbehandlung erzielt wurde. Der Fußboden und der Oberteil der Badewanne sind aus schwarzem Marmor. Das mit einer schwarzen Jalousie abgedeckte, zur Küche führende Fenster bildet die einzige Tageslichtquelle im Badezimmer; zusätzlich gibt es eine

konische Hängelampe über der Badewanne und einen Wandarm aus Chrom über dem Spiegel. Die Hähne beim Waschtisch und der Badewanne sind Nachbildungen alter Armaturen aus rostfreiem Stahl. An der Wand rechts von dem Spritzblech aus rostfreiem Stahl hängt eine Plastik in Blasenform.

50 Vom Schlafzimmerteil des Raumes fällt der Blick in die Arbeits- bzw. Plauderecke, wo die Decke vor dem einfachen Kamin schräg abfällt. Ein Gemälde von Hantai füllt die linke Wand und hebt sich von den einfachen Breuer-Stühlen aus Chrom und Leder ab. Die große Kugellampe rechts am Kamin greift die Form des oberhalb angebrachten Punktlichtes auf. Die orientalischen Teppiche bilden Inseln von Farbe und Wärme auf den kahlen hochglanzpolierten Böden.

Photos: Roger Gain

51

53

52

54

Wohnung Mueller

51 Dieses höhlenartige und zugleich luxuriöse Gästebadezimmer in einem Penthouse über dem East River in New York war vor seiner Verwandlung ein gewöhnliches blau-weiß gekacheltes Bad. Nun schaffen zwei mit Bronzespiegeln und zwei mit klaren Spiegeln verkleidete Wände eine Phantasmagorie von reflektierten Bildern, die durch eine mit Spiegeln verkleidete Blende über dem Waschbecken noch verstärkt wird. Die einfachen, mit Bronze plattierten Armaturen wurden von Arch. John Bedenkapp als Folie für den smaragdgrünen Granitwaschtisch entworfen. Derselbe Granit wiederholt sich auf dem Boden und bei einem freischwebenden Duschesitz.

52 Ein langer dunkler Gang erhielt ein neues Leben als Galerie, indem man halbkreisförmige Punktlichter in die Decke versenkte und eine neue halbkreisförmige Säule anbrachte. Die Anordnung der Gemälde lenkt das Auge zu dem aus dem 9. Jahrhundert stammenden Steinbuddha aus Kambodscha, der königlich auf einem Ehrenplatz der Halle thront. Das große Gemälde im Vordergrund stammt von Sven Luken, das kleinere von Josef Albers. Ein chinesischer Faltsessel aus dem 17. Jahrhundert steht isoliert auf dem hochglanzpolierten Boden.

53 Fred Mueller, Mitbesitzer der Pace-Galerie in New York, beauftragte Architekt John Bedenkapp mit der Umgestaltung des Penthouse; die Architektur sollte stark genug sein, um sowohl seine massiven klassisch-chinesischen Möbel

wie auch die übergroßen modernen Gemälde seiner Sammlung auszuhalten. In Muellers Studio, das durch eine große Oberlichte vom Sonnenlicht geradezu überschüttet wird, ersetzte Bedenkapp zweigeteilte Fenster durch ein nun von der Decke bis zum Boden reichendes Fenster und eine Tür, die auf eine Terrasse führt. Er änderte die Proportionen des Kamins, über dem ein Bild von Ernest Trova hängt, so daß er nun größer aussieht. Die sauberen Linien eines Breuer-Sessels passen wunderbar zu dem chinesischen Tisch aus dem 18. Jahrhundert, der nun als Schreibtisch verwendet wird. Ein Teppich aus Naturwolle ergänzt die dunklere Wollpolsterung des Sofas.

54 Drei Schränke wurden entfernt, um diesen geräumigen Ankleideraum zu schaffen, in dem verspiegelte Türen an allen 4 Wänden die neueingebauten Kästen verbergen. Die rotlackierte Decke mit versenkten Strahlern scheint sich tausendfach widerzuspiegeln. Die sparsame Einrichtung beschränkt sich auf eine japanische Tansu-Truhe aus dem 18. Jahrhundert und einen handgeschnitzten afrikanischen Hocker.

55 Große schwarze Skulpturen von Louise Nevelson sind an der Wand des Wohnraumes aufgereiht. Tagsüber strömt das Sonnenlicht durch die vom Boden bis zur Decke reichenden Fenster herein und nachts schimmern Punktlichter an den Wänden und an den Skulpturen und mildern die Dunkelheit. Auch hier ist die Einrichtung – ein paar chinesiche Stühle, chinesische Tische und eine Kommode mit vielen Laden – auf ein Minimum beschränkt.

56 Arch. Bedenkapp ersetzt die zweireihigen Fenster im Wohnraum durch Schiebetüren aus bronzegetöntem Glas, die vom Boden bis zur Decke reichen und sich auf einen Balkon öffnen, der einen großartigen Ausblick auf die Stadt bietet. Große halbkreisförmige Säulen verstärken die architektonischen Proportionen des Raumes und erlauben so die Verwendung von massiven Möbeln und riesigen Gemälden und Skulpturen. Der Kaffeetisch ist eigentlich ein chinesisches Bett aus dem 16.

Jahrhundert; der Beistelltisch eine indische Tempeltrommel aus Bronze. Auf dem Boden liegt ein großartiger chinesischer Palastteppich. Der wuchtige, aber dennoch bequeme Polstersessel und das Sofa haben beige und braune Wollüberzüge. Die fließende Silhouette der Chrom Skulptur von Eduardo Paolozzi findet eine Parallele in den Streifen des dahinter angebrachten Bildes von Morris Lewis.

Photos: John T. Hill

57

59

58

60

Die McNair-Scheune

57 Der Eßplatz und die Küche in dem neu angebauten Teil einer umgestalteten Scheune liegen an der niedereren Seite eines Wetterdaches, das zur Oberlichte ansteigt, durch die das Tageslicht in ein Studierzimmer und eine durch Eichenschränke abgetrennte Eßecke fällt. Eine Mischung moderner, afrikanischer und indianischer Skulpturen betont die starken Linien der Einbauten. Die mexikanischen Terrakotta-Kacheln des Bodens finden eine Entsprechung in den ornamentalen blauen und Terrakotta-Kacheln der Wandverkleidung. Moderne Thonet-Sessel stehen rund um einen Tisch im Williamsburg-Stil. Durch Rheostaten kontrollierte Leuchtstoffröhren über der Arbeitsfläche ergänzen die auf Schienen montierten Lichter der Decke. Die Steinplattenwände sind mit Sandfarbe gestrichen, die eine gewisse Verwandtschaft zu dem Stuck der Außenwände herstellt.

58 Die Holzrahmen im alten Teil des Hauses wurden belassen, aber die Deckensparren hinter Putz verborgen. Der nichtgewachste Schieferboden, zum Teil bedeckt durch einen persischen Teppich, bildet einen angemessenen Gegensatz zu der Wärme des Holzes und der starken Wirkung der bläulichen Ziegelwand beim Kamin. Eine eklektrische Möbelsammlung schließt eine Tiffany-Lampe, einen Adirondacks - ›Schneeschuh‹-Sessel und zwei alte Schiffsstühle (der mit den Armlehnen gehörte der Großmutter des Besitzers, der ohne Armlehnen gehörte ihrem Diener) ein.

59 Ein moderner Zubau aus weißem Stuck harmonisiert durchaus mit dem 1810 entstandenen Scheunenbau, obwohl er einen scharfen Gegensatz in Farbe und Material bildet. Diese Mischung, von James McNair entworfen, verdankt ihren Erfolg der Verwendung gleicher Asbestplatten am Dach und den weich ineinander übergehenden Dachlinien.

60 Das Schlafzimmer ist mit Absicht sparsam eingerichtet und in ruhigen Farben gehalten und stimmt so auf die heitere Gelassenheit des Schlafens ein. Das hohe schmale Fenster, das dem Abfall des Daches folgt, gibt einen sorgsam gerahmten Ausblick auf Bäume und Felsen frei. Nur ein Gemalde vom Besitzer Engle unterbricht die Fläche der kahlen, weißen Wände. Ein beiger Spannteppich bedeckt den Boden; der baumwollene Bettüberwurf stammt aus Haiti. Der Schreibtisch besteht einfach aus einem Schneidebrett auf zwei Ladenkästchen von Aalto. Die Form der Noguchi-Papierlampe wiederholt sich in der runden Öffnung einer kleinen Nachttischlampe hinter dem Bett.

61 Eine auskragende Eichentreppe ohne Geländer, die zu dem Dachstudio führt, wo der Besitzer Tom Engle malt, wirkt wie ein kühnes Skulpturelement. Die ursprünglichen Türen, groß genug um Traktoren durchzulassen, wurden zur Rechten durch Schiebetüren ersetzt, die dennoch harmonisch zum Geist des ursprünglichen Scheunenbaues passen. Eine mit Kastanienholz getäfelte Wand außerhalb der Bibliothek wurde aus den alten Ställen gerettet, die sich dort befanden, wo jetzt die Sitzecke ist.

Photos: John T. Hill

Haus Richard Meier

62 Die offene Seite dieses rundum weißen Ferienhauses am äußersten Ende von Long-Island gibt den Blick auf eine ländliche Szenerie von Wiesen und Wäldern frei. Ein Lagerschuppen für Fahrräder, Mülltonnen und Brennholz setzt die Linie des Hauses fort und deckt den Lieferanteneingang ab. Die mit Steinplatten ausgelegten Terassen sind angenehme Oasen zum Essen oder Ausruhen. Die Fenster haben zwar Standardabmessungen, wurden aber so kombiniert, daß sie wie Spezialanfertigungen aussehen. Eine Oberlichte läßt Sonnenschein in den fensterlosen Teil des Hauses ein. Der Architekt ist Richard Meier.

63 Dieses Haus, das auf einer ebenen Fläche von ungefähr 40 a liegt, zeigt zur Straße hin eine solide Fassade. Die facettierten Außenwände aus weißgestrichenem Holz erhalten durch Licht und Schatten, je nach dem Winkel des Sonneneinfalls dramatische Akzente. Die Dachfenster verstärken noch den starken Lichteinfall, der schon durch die Fensterwand gegeben ist. Der Kamin wurde weit außerhalb der Wände als plastisches Element angebracht,

um möglichsten Nutzen aus der begrenzten Wohnfläche ziehen zu können, und durch die klare Glasscheibe über der Feuerstelle einen Blick auf Bäume und Himmel freizugeben.

64 In diesem leichten, offenen Grundriß gibt es einen fließenden Übergang zwischen Wohnraum und Speiseraum, eingebettet in einer Schale aus strahlendweißen Wänden, Decken und Kachelböden. Der Eßplatz erhält seine intime Atmosphäre durch eine schützend tiefgezogene Decke mit versenkten Strahlern. Ein runder Tisch mit Formica-Platte auf einem Restaurantfuß und Bugholzsessel bieten Erholung von dem Übermaß an Winkeln und geraden Kanten in dem Raum. Der eingebaute Kasten an der Rückwand enthält eine Bar und bietet Platz zur Unterbringung von Gläsern.

65 Grellweiß, gewürzt durch ein oder zwei Farbflecken, ist das angemessen kühle Farbschema für einen Sommersitz. Die große U-förmige Sitzeinheit aus weißlackiertem Holz mit weißen Kissen schafft eine spontane Plauderecke vor dem Kamin, ohne den spärlichen Wohnraum mit Sesseln vollzustopfen. Durch die sich über zwei Stockwerke erstreckenden Fenster auf zwei Seiten und die Dachfenster auf den anderen Seiten strömt das Sonnenlicht herein. Die kleinen Fenster dienen zur Belüftung.

Photos: ESTO - Ezra Stoller & Associates

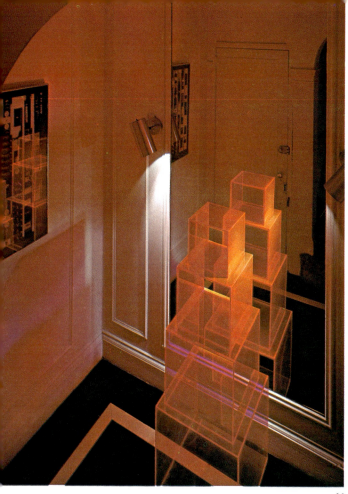

66

67

68

Wohnung La Riviere

66 Ein Foyer mit herkömmlichen Architekturleisten wurde durch einige wenige zusätzliche Versatzstücke modernisiert. Licht und Spiegelungen, jene Eigenschaften, die diese Wohnung in New York charakterisieren, begegnen einem sofort bei einer Säule aus fluoreszierenden rosa Plastikwürfeln, deren Bild von einem Spiegel reflektiert und durch zwei Punktleuchten aus Aluminium unterstrichen wird. Ein großes Plakat von Bruce Conner dominiert die angrenzende Wand. Der Boden ist mit schwarzem und weißen Vinyl belegt.

67 Eine ägyptische Büste auf einem purpurfarbenen Plastikwürfel vermittelt den ersten Eindruck der überraschenden Gegenüberstellung von antiker Kunst und moderner Einrichtung, die es hier überall gibt. Alain La Riviere, der Besitzer und Designer, versuchte hier etwas von der Ruhe und Urbanität einzufangen, die er im heimatlichen Paris zurückgelassen hatte. Auf dem Plexiglastisch finden sich ein Barset und ein Arrangement getrockneter Blumen.

68 Dieser große Wohnraum mit seinen weißen Wänden und den altmodischen Architekturdetails wird von einem Teppich in Braun, Beige und Weiß beherrscht, der das einzige starke Muster in diesem durch neutrale Schattierungen gedämpften Raum bildet. Die in weitem Abstand voneinander aufgestellten Möbelstücke sind aus spiegelndem oder durchsichtigem Material. Mittels Punktlichtern wurde das Anräumen von Tischlampen und Schirmen vermieden. Das Sofa, der Stuhl von Paul Kjaerholm und eine lederne Bank haben alle gleichartige, einfache Chromstützen. Zwei große Tische, der eine aus purpurfarbenem Plastik und der andere mit einer Glasplatte, bieten Platz für eine Fülle von Büchern und Gegenständen, darunter ein chinesischer Porzellandrachen aus dem 15. Jahrhundert, ein Straußenei auf einem Stab und eine rote Lackschachtel.

In einer Säule aus weißen, undurchsichtigen Plexiglaswürfeln verschiedener Größen sind eine mexikanische Skulptur und eine antike chinesische Entenplastik ausgestellt. Ein Seidensiebdruck – Marilyn Monroe – von Andy Warhol und drei Drucke von Josef Albers bilden Tupfen hochkonzentrierter Farbe an den Wänden.

Photos: John T. Hill

Wohnung in Trento

69 Grobverputzte weiße Wände, freigelegte Träger und eine ungestrichene Holzdecke bilden den rustikalen Rahmen für diese raffinierte Dachwohnung in Trento, Italien, die von den Architekten Ernesto Griffini und Dario Montagni entworfen wurde. Der hochglanzpolierte Sofarahmen und der Boden bilden ebenso wie eine leuchtendrote lackierte Kommode einen interessanten Kontrast zu der derben Architektur dieses Wohnraumes. Papierblumen in einer Kupferschale greifen das Grün und Rot der Möbel wieder auf. Die großen, goldenen Bilderrahmen passen zu den altmodischen Drucken, die im Viereck an der Wand arrangiert sind.

70 Der Balkon hat eine zweifache Funktion: Er dient der Erholung und schneidet zugleich die Deckenhöhe in die Hälfte, um einen intimen und abgeschirmten Raum zum Plaudern am Kamin zu schaffen. Der kubistische Kaminverbau sieht wie eine Plastik aus Gipsvierecken, Einschnitten und Reliefs aus. Ein langes

Samtsofa mit Quasten lädt dazu ein, sich am Abend dort zu entspannen und in das Feuer zu schauen. Die einfachen weißen Bücherstellagen im Alkoven wiederholen die geraden Winkel des Kamins.

71 Das Schlafzimmer holt alles aus der gemütlichen Intimität heraus, die nun einmal das Schlafen in einer Dachstube unter einem schrägen Dach mit sich bringt. Helle chromgelbe französische Türen, die auf einen Dachbalkon führen, verleihen den modernen Blumenmustern in Orange und Weiß auf den gedruckten Vorhängen einen sonnigen Farbakzent. Das Orange wird wieder in einem Bettüberwurf aus Baumwolle aufgegriffen, der das weißlackierte Bett – nach einem Entwurf der beiden Architekten – bedeckt. Den Boden bedeckt ein luxuriöser Wollteppich.

Photos: Carla de Benedetti

Wohnung Cox

72 Der Schlafraum im Haus von Architekt Warren Cox in Washington, D. C., liegt auf dem Balkon und erlaubt einen weiten Ausblick auf den darunterliegenden Wohnraum; er ist durch eine lange, weiße Truhe und Jalousien auf Holzrollen abgetrennt. Die Pflanzen und Gegenstände, die auf dem etwas zurückgesetzten Truhenrand angeordnet sind, können von oben und von unten gesehen werden. Drei ›Love‹-Plakate, die genau die Größe eines überdimensionalen Bettes haben, schlagen den Farbton für den blaugrünen Bettüberwurf aus Baumwolle an. Rote und weiße Marimekko-Baumwollkissen sorgen für heiße Farbflecken. Eine Lichtschiene, die an der Decke montiert ist, ergänzt die Tischlampen auf den Feldtruhen, die als Nachttischchen verwendet werden. Die Türen sind holzkohlengrau gestrichen.

73 Am Abend wird die Wand über dem Kamin häufig durch eine Projektion von 35 mm Dias verziert. Das Thema kann je nach der Stimmung der Gesellschaft oder dem Anlaß wechseln. Ein viereckiger schwarzer Lichttisch, der aus sandgeblasenem Glas über Leuchtröhren besteht, verleiht der Sitzgruppe eine Stimmung, die fast an eine Seance erinnert, und die noch durch Punktlichter intensiviert wird. Ein italienisches Sofa mit grünem Samtbezug harmonisiert mit den Überwürfen aus geschorenem Schaffell auf den selbstgefertigten Sitzgelegenheiten aus rohen Brettern und Schaumgummimatten. Die Drucke und Bilder, die auf einer hölzernen, schwarz gestrichenen Brüstung aufgestellt sind, können leicht ausgewechselt werden. Wie immer verleihen auch hier Bücher dem Raum zusätzliche Farben und Intimität. Der Metallstier, der in den Kamin schaut, und der Hahn sind beide amerikanische Antiquitäten.

74 Als Warren Cox diesen Wagenschuppen kaufte, wollte er ihn so frei und offen wie nur möglich machen. Obgleich er gerne die Fenster mit den vielen kleinen Scheiben durch große Glasflächen ersetzt hätte, mußte er sich mit Rücksicht auf sein Budget dann doch für Fensterläden entscheiden, die wie mondrianartige Paneele wirken. Ein Streifen aus rotem Neon, der der Linie eines schwarzen Holzstreifens folgt, ersetzt die altmodischen Balustraden am Stiegengeländer. Möglichst kleine Punktlichter in der Decke und ein Scheinwerfer über dem Speisezimmertisch kontrastieren mit der Üppigkeit georginischer Silberleuchter und Schalen und einem antiken italienischen Buffet. Die rotweiß bedruckten Marimekko-Baumwollsets beleben den schwarzen Eßtisch, der eigentlich eine angestrichene Türe auf zwei Restaurantfüßen ist. Eine Schein-Skulptur unter der Stiege reizt zum Lachen und kaschiert zugleich den Heizkörper.

Photos: John T. Hill

75

76

77   78

Wohnung Ducrot

75 Im Schlafzimmer des Fotografen Jerome Ducrot, New York, steht ein mobiles Bett im Mittelpunkt der Aufmerksamkeit, das aus einem Stück Holzfaserplatte auf einem mit Scharnieren versehenen Metallrahmen, der von den Dachbalken herunterhängt, besteht. ›Das Bett bewegt sich sanft hin und her wie eine Wiege‹, erklärt Ducrot glücklich. Ein indisches Hochzeitszelt in leuchtenden Farben, das darüber angebracht ist, vermittelt eher das Gefühl einer Stoffhöhle, als das eines traditionellen Baldachins. Ein Bettüberwurf aus gedämpftem braunen Schnürlsamt findet seine Entsprechung in einem braunen Spannteppich. Mit einem Verstärker im Wohnzimmer verbundene Lautsprecher sind in eine Stellage für Bücher und Magazine eingebaut.

76 Eine Wand zwischen Wohn- und Speiseraum wurde teilweise entfernt, um eine vergrößerte ineinanderfließende Wohnfläche zu schaffen. In die verbleibende Wand wurde ein langer Schlitz geschnitten, der nun eine antike türkische Flinte enthält, die durch indirektes Licht auf einem Rheostat beleuchtet wird. Die schwarze Farbe am Rand dieser Wand bringt den Effekt einer großen Konstruktion hervor. Im Vordergrund ist ein von Ducrot entworfener Kaffeetisch, in dem sich Ping-Pong-Bälle frei in einer Schachtel bewegen, die aus einem schwarz-gestrichenen Fuß aus Holzfaserplatten und einer Glasfläche besteht. Ducrot entwarf auch den Spiegel mit einem Loch darin an der hinteren Wand. Der Liebessitz aus Rosenholz mit schwarzem Lederkissen gibt durch ein großes Fenster den Blick auf den Central-Park in New York frei.

77 Die kühnen Farben des indischen Hochzeitszeltes inspirierten den leuchtendorange Anstrich, der einem Frisiertisch seinen Charakter verleiht. Dasselbe Orange wiederholt sich in dem Stoff, der einen begehbaren Kasten auskleidet und in den Kissen, die den neutralen Überwurf beleben. Ein alter englischer Sessel, der früher schwarz gestrichen war, wurde abgezogen, so daß er wieder das Naturholz zeigt, und mit Samt gepolstert, der zum Gold der Bettgehänge paßt.

78 Im Wohnraum wird die gesamte Aufmerksamkeit von einer dramatischen Sitzplattform gefangengenommen, die mit dem gleichen purpurfarbenem Plüschteppich bedeckt ist, der am Boden und an einem Teil der Wände verlegt wurde. Die Plattform, am höchsten Punkt 75 cm hoch, bietet bequem acht bis zehn Personen Platz. Große indische Kissen, kleinere rote Samtpolster, und eine Gruppe indischer Miniaturen an der Wand sorgen für reiche Kontraste in Textur und Farbe. Spiegelflächen auf den umgebenden Wänden und indirektes Licht aus in die Plattform eingelassenen versenkten Ausnehmungen schaffen ein aufregendes Zusammenspiel von Licht und Spiegelungen.

Photos: Dudley Gray

Wohnung Bouche

79 Architekt John Bedenkapp schuf aus zwei zerrissenen Räumen in einer Genossenschaftswohnung in Manhattan eine einzige fließende Wohnfläche. Gleichzeitig entfernte er Gesimse und ließ die häßlich vorspringenden Säulen zurücktreten, indem er sie vergrößerte und begradigte. Das monochromatische Farbschema lenkt die Aufmerksamkeit auf eine reiche Bildersammlung. Eine lange weiße Bücherstellage an einer Wand enthält eine Sammlung von Pre-Columbianischen und anderen Kunstgegenständen sowie die Stereo-Lautsprecher und eine Bar. Ein altes Modelliergerüst wurde in ein ›Sitz-Floß‹ verwandelt, indem man es polsterte und eine braune Samtdecke und weiße Fellüberwürfe hinzufügte. Die säulenartige Plastik von Louise Nevelson im Vordergrund, die Ständer für das Bücherbrett und die weißen Leinenvorhänge erwecken die Illusion einer höheren Decke. Ein Hörnersessel mit einem schwarzem Samtsitz und ein englischer, mit feinem Brokat tapezierter Adams-Sessel bringen etwas weichere Linien in das Übermaß von Geraden und Ecken.

80 Eine 5,3 m lange Bank, die mit demselben mausfarbenen Samt wie das gepolsterte Floß überzogen ist, erstreckt sich an der einen Wand und bietet Gästen Schlafgelegenheit und ansonsten reichliche Sitzmöglichkeiten. Bilder bringen die nötigen starken Farben in dieses zarte Schema. Der englische Regency-Sessel mit seinen heftig geschwungenen Armlehnen bildet einen wirkungsvollen Kontrast zum Barcelona-Tisch und den Le Corbusier-Sesseln mit schwarzen Leinenbezügen.

So wurde eine Vielfalt von Plauderecken geschaffen, die größeren oder auch kleineren Gruppen gleichen Komfort bieten.

Photos: John T. Hill

Wohnung Beylerian

81 In dieser Mietwohnung durften keine baulichen Veränderungen vorgenommen werden, deshalb nahmen George und Louise Beylerian ihre Zuflucht zu Farbe und Licht, um ihre Gestaltungsprobleme zu lösen. Sie kleideten den nicht mehr benützten Kamin mit Spiegeln aus und verwandelten ihn damit in eine vom Rampenlicht angestrahlte Bühne mit Music-Hall-Figuren, die Dorothy Junge entworfen hatte. An der gegenüber liegenden Wand wurden nach Maß gefertigte Kästen mit schwarzem Vinyl bezogen und in ein Standardträgersystem eingepaßt. Die mit Samt überzogenen Bänke unter der Glasstellage werden für Gäste herausgezogen. Derselbe orangegestreifte Samt wurde für ein Sofa verwendet, das sich unter einer von den Beylerians konstruierten Wanddekoration befindet. Ein orientalischer Teppich schlägt den Grundton für das warme Farbschema von Orange, Gold und Braun an.

82 Die Beylerians wollten einmal eine Abwechslung von dem üblichen Teppichboden für Schlafzimmer und ersetzten ihn kühn durch leuchtendroten Deckemail. Der in der gleichen Farbe gestrichene Bettrahmen verschwindet fast im Fußboden, so daß die mit grauem Schnürlsamt bezogenen Matratzen zu schweben scheinen. Der Parsons-Tisch und ein Kastensystem aus Spiegeln und Wandbrettern bilden

112

eine Studierecke und schaffen Raum für Schauobjekte, wie sie die Beylerians gerne sammeln. Stoffbahnen, die wie riesige Jalousien gehoben und heruntergelassen werden können, lassen eine Überfülle von Tageslicht herein. Hinter dem Bett hängt ein Laliberte-Banner.

83 Mit Kennerschaft angewandte Farbe und Textur waren die Geheimwaffen für die erfolgreiche Verwandlung dieses kleinen prosaischen Wohnungsvorzimmers in einen hochdramatischen Speiseraum. Indem sie einen Teil der Decke durch einen an Ketten aufgehängten Bochara-Teppich senkten, schufen die Beylerians mehr Intimität um den Eßtisch und trennten ihn von

den übrigen Durchgangsflächen ab. Eine aus Spiegeln gebildete ›Landschaft‹ an einer Wand vermittelt die Illusion eines größeren Raumes und wirft das reflektierte Licht von Kerzen und Deckenstrahlern zurück. An den anderen Wänden wechselt blauer Filz mit braunem Anstrich ab.

Photos: John T. Hill

84
85

86

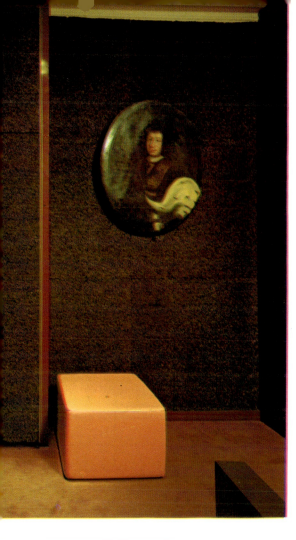

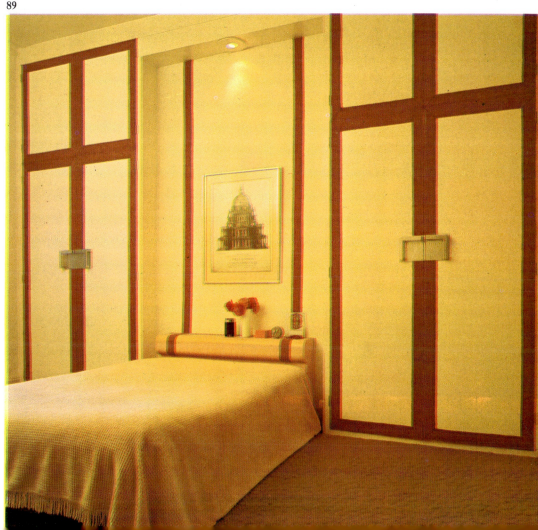

Haus Rich und Vaughan

84 In dem Londoner Haus der Designer Brian Rich und Tim Vaughan hat man eine Trennwand zwischen Eingangshalle und Speisezimmer niedergerissen und durch einen Raumteiler ersetzt, der Kästchen, Laden und eine Buffetstellage enthält. Der Durchgang zur Eingangshalle blieb offen, wodurch eine Ausweitung des an sich kleinen Eßplatzes erreicht wurde. Eine mit Chevron-Design tapezierte und mit rotem lackierten Holz eingerahmte Nische, in der sich rote Kugellampen von Magistretti befinden, erhält ein ruhigeres Gegengewicht durch den Holztisch auf einem Stahlfuß und die klassischen Rohrsessel. Der Fußboden ist mit weißen Vinylplatten belegt.

85 Dieses Schlafzimmer ist eine raffinierte Farbstudie in Grün, Braun und Rot. Das von Brian Rich entworfene Holzbett ist mit braunem Melamine verkleidet. Der luxuriöse grüne Bettüberwurf bildet den Hintergrund für die indischen Stoffe in einem helleren Grün und Rot an der Wand, die an den Ecken und um die Tür durch rote Rahmen abgesetzt werden. Samtkissen in Braun und Gold auf den Betten sind eine Ergänzung zu dem Naturwollteppich auf dem Fußboden.

86 Die Kästen im Schlafzimmer sind mit demselben braunen Kork verkleidet, der für eine Wand verwendet wurde. Ein altmodisches Porträt in ovalem Rahmen bildet einen überraschenden und witzigen Gegensatz zu dem orange Vinylwürfel, der nach Belieben irgendwo als improvisierter Eßtisch aufgestellt wird.

87 Hier entfaltet sich eine kühne Farbpalette in erdbeerroten Spannteppichen aus Wolle, einem Ottomane-Würfel, der mit rotem Wachstuch überzogen ist und einer gelben Wand. Ein schwarzer Plastiktisch und eine schwarze Lampe mit schwarzem Schirm neutralisieren dieses Feuerwerk ein wenig. Über dem weißen Melamine-Tisch in T-Form (Design Vaughan) mit einem Braun-Plattenspieler hängt ein Gemälde von Jaques Deperthes.

88 Im Wohnzimmer stehen braune, von Brian Rich entworfene Samtsofas einander gegenüber und bilden zusammen mit zwei Kjaerholm-Sesseln aus Leder und Spiegelstahl eine große Sitzgruppe. Die Kunststoffplatten zu beiden Seiten einer vorspringenden Trennwand spiegeln die gegenüberliegende Seite des Raumes. An den Fenstern sind orangefarbene Faltjalousien. Die weißen Decken, Friese und Fensterrahmen schaffen einen strengen Kontrast zu all diesem Farbüberfluß.

89. Das Schlafzimmer ist eine Tour de Force in Braun und Weiß. Die mit weißem Stoff verkleideten Kästchen an beiden Seiten des Bettes sind kreuzweise mit braunen Streifen verziert und entsprechen damit einer Nische, die sich hinter dem Bett und der Kopfleiste befindet. In der Nische hängt ein Stich der St. Paul's Cathedral. Dic vornehmen Kastenbeschläge sind aus Aluminium hergestellt.

Photos: Roger Gain

Wohnung Machado

90 Diese große umgebaute Küche in einer New Yorker Wohnung wurde von Designer William Machado durch eine Kombination des Badezimmers mit der früheren Küche gewonnen. Der ganze Raum, einschließlich der Wände, Türen und Ladenvorderseiten, ist mit weißem Formica verkleidet, um eine leichte Reinigung zu ermöglichen. Der Abzug über dem Ofen ist außen weißes Formica und innen rostfreier Stahl. Die Bruchsteinkacheln auf dem Boden und die Theke mit den Schneidbrettern bilden einen angenehm warmen Kontrast zur Sterilität des Kunststoffes. Die zentrale Arbeitsfläche wird zugleich als Frühstückstisch benützt. Die Beleuchtungskörper sind in die Decke versenkt.

91 Ein Schlafzimmer und ein Speisezimmer wurden von Machado zu einem einzigen geräumigen neuen Speiseraum zusammengezogen. Der durchgehende Boden aus Bruchsteinkacheln und die gleiche versenkte Beleuchtung integrieren diesen Raum visuell mit der angrenzen-

zenden Küche. Eine mit braunem Leder bezogene Bank ist in eine Vertiefung in die Wand eingelassen und dient als Sitz bei einem rechteckigen Tisch mit schwarzer Formica-Platte und Knotenholzrand. An der Wand hängt eine elisabethinische Tapisserie. Wenn nur 4 Leute zum Essen da sind, versammeln sie sich um den runden Tisch mit der Knotenholzplatte auf einem Restaurantfuß. Eine Fülle von Pflanzen bringt eine weiche Note in die Wirkung der glatten harten Oberflächen und geometrischen Formen. Dieser Raum bedarf nur geringer Pflege und wurde so gestaltet, daß auch Kinder hier mit ihren Freunden Parties abhalten können, ohne daß Schaden entsteht.

Photos: John T. Hill

92　93

94

95

Wohnung Jakobson

92 Diese Küche in einem New Yorker ›Brownstone‹, das den Kunstsammlern John und Barbara Jakobson gehört, erhielt durch einen weißgekachelten Spritzschutz, durch Wände und Decken in grober Pinselstrichtextur und schwere Säulen eine beinahe mediterrane Atmosphäre. Der Steinfliesenboden und die Theke mit den Schneidbrettern sorgen für Wärme. Der Tisch, ebenfalls mit einem Schneidbrett, der unter der Durchreiche steht, ist sehr gemütlich für das Familienfrühstück. Kissen aus Marimekko-Baumwolle auf einer Bank und die Kochbücher auf der Stellage darüber, bringen Farbflecken in den Raum.

93 Der Familienraum ist dazu geschaffen, gleichermaßen geistige und physische Agilität anzuregen. Maggie Jakobson hält sich durch Übungen an den Kletterstangen fit, während sie ihre Schwester Jennifer auf der Gitarre begleitet. Der mit grauen Asphaltkacheln belegte Boden wird unerwartet durch einen orientalischen Teppich bereichert. Ein unpolierter, rotgestrichener Bettrahmen greift den Farbton des Teppichs wieder auf. Ein Studiertisch kombiniert den Fuß einer alten Nähmaschine mit einer Schieferplatte; ein anderer hat eine runde Formica-Platte. Eine bemalte bayrische Truhe an der einen Wand bietet Platz zur Unterbringung von verschiedenen Gegenständen. Schwarzgestrichene Läden bedecken die Fenster.

94 Wenn man sich in diesem Haus von einem Raum zu anderen bewegt, ist es eine Freude, die verschiedenen Stimmungen, die durch Farb- und Raumwirkung erzielt werden, zu erleben. Durch einen gewölbten georginischen Torbogen tritt man in ein großes luftiges Foyer mit beigen Wänden und einer mit gelbem

Leder gepolsterten Empirebank. Ein ähnlicher Torbogen führt in ein gemütliches Studio mit Annehmlichkeiten wie einem Kamin und einem ledernen Chesterfield. Die lackierten braunen Wände, die einen Schellacküberzug erhielten, sind durch weiße Leisten und Nischen aufgehellt; eine davon ist ein in eine Bar verwandeltes Kästchen. Der Überzug auf der Klavierbank stammt von der Besitzerin und ist die aus Spitze angefertigte Vergrößerung einer Seite aus einem Buch über Matisse. Ein Jim-Dine-Stiefel liegt auf dem Boden. Die Kurvenlinie der Torbögen wiederholt sich bei einer Arco-Lampe.

95 Das Haus endete ursprünglich da, wo dieser hochaufsteigende, große Wohnraum im Bauhaus-Stil beginnt. Es ist ein großartiger nachträglicher Einfall, der im wirkungsvollen Gegensatz zu den georginischen Architekturdetails und den dem menschlichen Maß angepaßten Räumen im ursprünglichen Teil des Hauses steht. Als große räumliche Aussage verlangt er massive Möbel und übergroße Bilder. Die immense Oberlichte wird zur Folie für einen dicht gemusterten 5 m langen orientalischen Teppich. Die Glaswand, von der Türen in den Garten hinausführen, hat ein ähnliches kreuzweise angeordnetes Muster wie die Umrahmung der Oberlichte. Die Wände bestehen aus weißgetünchten Ziegeln, die Fußböden aus Marmor. Ein englischer Eichentisch aus dem 18. Jahrhundert, auf dem nur Bücher und verschiedene Gegenstände ausgestellt sind, paßt in seinen großzügigen Dimensionen zu dem mit Goldsamt gepolsterten Sofa gegenüber. Ein Frank-Stella-Gemälde in der Größe einer Reklametafel verleiht diesem ungeheuren Wohnraum menschlichen Maßstab.

Photos: Hans Namuth

Shaw Penthouse

96 Architekt Arvin Shaws Schreibtisch, der zugleich als Ausstellungs-
tisch für einige seiner persönlichen
Lieblingsgegenstände dient, besteht
aus einer weißen Formica-Platte auf
dem klassischen Chromstahl-›T‹-
Profil von Hans Eichenberger. Unter
Shaws ›Schätzen‹ sind ein Mobile von
Calder, Muscheln, ein englischer
Schraubenschlüssel, eine Schreib-
mappe, Fossilien, ein Kompaß, ein
Briefbeschwerer aus Kristall,
ein kristallener Aschenbecher und
ein Opernglas. Eine Tür führt auf
die Terrasse, wo sich ein großartiger Ausblick auf den East River,
seine Brücken und Boote bietet.

97 ›Ein weißer, heller, sauberer
Raum‹, das war die Umwelt, die
Shaw vorfinden wollte, wenn er aus
der verstopften rußigen Innenstadt
von New York heimkäme. Er fand
diesen Ort – ein Zweizimmer-Pent-
house über dem East River – aber
bevor er es zu seinem Heim machte,
mußte er zuerst mit dem pseudo-
georginischen Herrenhaus, das er
vorfand, aufräumen. ›Meiner
Empfindung nach kann ein Architekt in New York nicht in einer alten
Wohnung leben‹, erklärt er und ›ich
glaube, er sollte in einer Wohnung
leben, die seine Ideen über Architektur widerspiegelt.‹ Anstelle der
altertümlichen Atmosphäre schuf
Shaw eine kühle Glashülle, weiße
Wände und weiße Marmorböden.
Der Wohnraum ist, von der Pent-
house-Terrasse aus gesehen, eine

ruhige Komposition aus neutralem Beige und Weiß mit bloß einem Farbtupfen – einer rotlackierten japanischen Truhe. Der Kamin aus schwarzem Speckstein mit dem Band aus rostfreiem Stahl und der Platte aus hitzebeständigem Glas ist ein Entwurf von Shaw und ersetzt die alte Kaminverkleidung. Die fellbezogenen Le Corbusier-Sessel sind in Verbindung mit einem Tisch aus Chrom und Glas und Chromlampen verwendet. Der sonnenerfüllte Raum eignet sich fast wie ein Treibhaus für Zimmerpflanzen.

98 Die starke Wirkung von Kunstwerken lenkt das Auge durch den ruhigen Wohnraum in den neugeschaffenen Speiseraum, wo die schwarzen Rahmen der Breuer-Sessel aus Chrom und Rohr als Gegengewicht zu der schwarzen Figur in einem Mangold-Gemälde wirken. Ebenso kräftig in der Farbe ist das gelbe Gemälde von Ludwig Sanders im Vordergrund gegenüber dem Schreibtisch. Ein Stabile von Calder aus schwarzem Metall und eine weiße Konstruktion von Norio Imai ziehen die Aufmerksamkeit eher durch ihre Form als durch Farbe auf sich und erhalten so die visuelle Ruhe des Raumes.

Photos: Hans Namuth

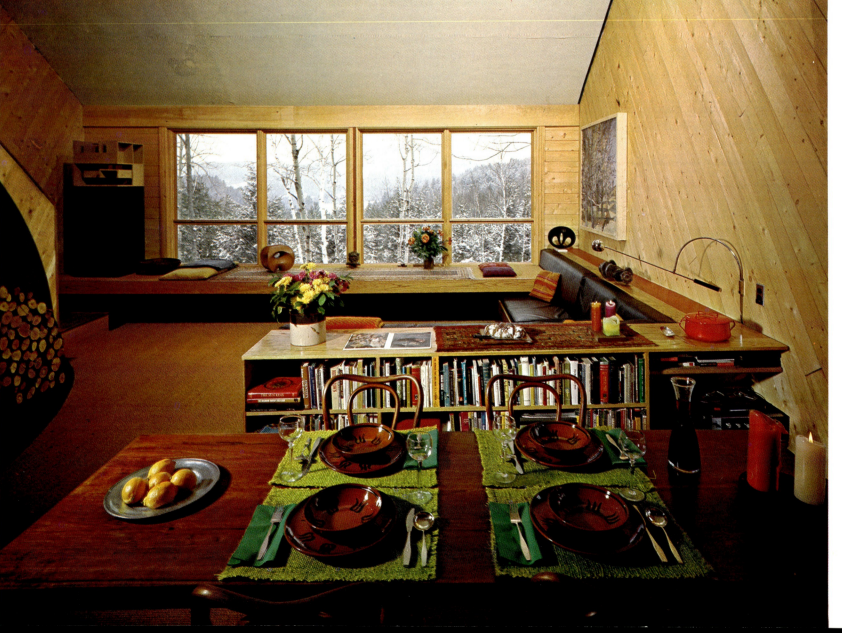

Haus Metz

99 Dieses Holzhaus ist außen mit Zedernbrettern verkleidet; es paßt sehr gut zu der Waldlage in New Hampshire mit seinem Blick auf Hügel, ein Tal, einen Wasserfall und einen Fluß. Ein aus dem Dach vorspringender Horst mit einer Glaswand beherbergt Schlafplätze. Architekt Don Metz entwarf dieses 6 × 9 m große, sehr kompakte Haus und baute es selbst an Wochenenden im Sommer und zwischen seinen Aufträgen mit einem Kostenaufwand von weniger als 20000 Dollar (einschließlich der Zufahrt und eines Brunnens).

100 Metz entwarf und verfertigte den Speisezimmertisch aus Nußholz auf Beinen aus rostfreien Stahlrohren als Ergänzung zu den Fichtenholzbänken und der L-förmigen Sitzeinheit aus roter Eiche, mit dem Ziel, Platz zu sparen. Die Rückseite dieser Sitzeinheit auf der Wohnzimmerseite dient zugleich als Rückwand der Bücherstellage auf der Eßzimmerseite. Kokosnußmatten am Boden ersparten die Ausgaben für einen sorgfältig bearbeiteten Fußboden. Der Fenstersitz, der auf dem schwarzen zurückgesetzten Fuß zu schweben scheint, dient als psychologischer Puffer zwischen den Menschen und der Fensterwand mit ihrem abrupten Ausblick auf einen steilen Abgrund unmittelbar darunter.

101 Die Wohnfläche, Eßfläche und die Küche gehen fließend ineinander über, sind aber doch unauffällig durch eine Theke, die zum Anrichten und zur Unterbringung von Geschirr dient, auf einer Seite und durch eine Bücherstellage auf der anderen Seite abgetrennt. Eine gewölbte Decke aus Hartfaserplatten, die mit weißer Sandfarbe gestrichen ist, wiederholt die Linie des tiefpurpurnen Halbkreises (gestrichen mit der Asbestfarbe, die durch die dortigen Feuerschutzvorschriften verlangt wird) hinter den altmodischen Ofen. Ein Kreis in einer helleren Purpurfarbe, ein antiker Spiegel und ein halbkreisförmiger Behälter für Brennholz machen aus der Not eine Tugend und verwandeln den Herd in eine kunstvolle Komposition von Witz und Laune. Die Wände sind mit grobgefügten Fichtenbrettern getäfelt, die horizontal, vertikal und diagonal verlegt wurden, um durch Linie und Textur Abwechslung zu schaffen. Ein Balkon oberhalb der Eßfläche vermittelt einen weiten Blick auf Bäume und Täler. Durch eine orange Plexiglas-Scheibe sieht man eine Leiter, die zur Schlafnische hinaufführt. In der kombüsenartigen Küche sind wohl alle Stellagen und ihr Inhalt offen, aber dafür alle technischen Vorrichtungen verborgen. Der Würfel neben der Theke, der wie eine Telefonzelle aussieht, enthält den Kühlschrank.

Photos: John T. Hill

102

104 ▶

103

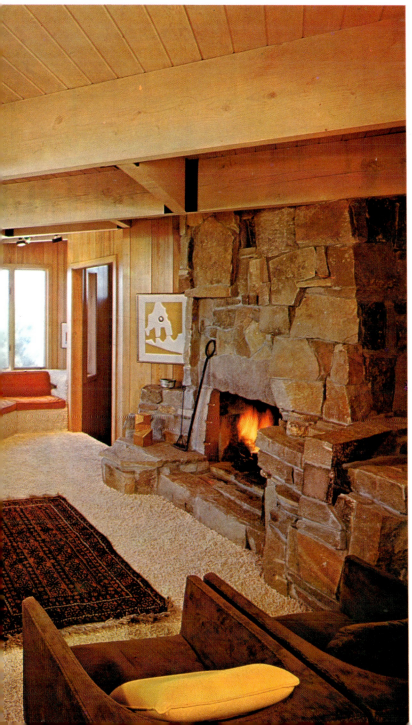

Haus Klotz

102 Dieses weiträumige, scheinbar komplizierte Haus von Architekt Charles Moore besteht in Wirklichkeit einfach aus zwei Achtecken, die durch ein Quadrat verbunden sind. Es liegt auf einer Fläche von 4 a in Westerly, Rhode Island. Vom 2. Stock erblickt man den Atlantischen Ozean und den Pawcatuck Fluß; das Haus wurde so angelegt, daß es durch keine Nachbarschaft gestört wird. Die graugetönte Zypressenverkleidung und das Schindeldach entsprechen der Tradition der großen viktorianischen Seehäuser von Rhode Island. Der Eingang auf der Nordseite des Hauses wird durch eine pergolaartige Struktur eingerahmt, die als verkleinertes Vorderportal dient. Moore ist der Ansicht, daß Häuser, die seine Auftraggeber in ein oder zwei Wochen auswendig kennen, langweilig sind und deshalb brachte er in diesem so viele spielerische Raumvariationen wie Erker, Decks und Terrassen an.

103 Das als Speiseraum bestimmte Achteck ist klein, aber die 10 m hohe Decke verleiht ihm eine Atmosphäre bequemer Geräumigkeit. Sowohl die Vorhänge aus Printexbaumwolle, wie der Luster aus Trauben von Duro-Lite-Birnen betonen die Höhe des Raumes. Eine Oberlichte über dem Korridor, der die beiden Achtecke verbindet, badet die mit Kacheln belegte Eingangshalle und das Speise-Achteck in Sonnenschein. Ein weiß-roter Eichentisch behält seine runde Form sowohl in der Normalgröße für acht bis zehn Personen, als auch in der Vergrößerung, wenn durch Hinzufügen von vier Keilen zwölf bis sechzehn Personen untergebracht werden können.

136

104 Das Wohnzimmer ist durch die Teppiche und durch seine Lage am höchsten Punkt im ersten Stock von den anderen, unten gelegenen Räumen getrennt. Die eher niedere Decke mit den sichtbaren Balken schafft ein Gefühl von Intimität und harmoniert mit den eingebauten Sitzen, die mit dem gleichen gebleichten Wollüberzug wie der Boden bedeckt sind. Ein Spieltisch und Sessel schmiegen sich gemütlich in die Nische. Das Farbschema aus Orange und Himbeerrot wiederholt sich in den Baumwollkordkissen, bei einem Wandbehang und den Direktoire-Sesseln. Der Kamin wurde aus Granitbruchstücken aus einem alten Steinbruch in Westerly – seinerzeit der Hauptgewinnungsort von Granit in den Vereinigten Staaten – gebaut.

105 Ein fließender durchgehender Raum entsteht dadurch, daß die Küche in den Speiseraum und dieser wieder in den Wohnraum übergeht. Durchgehende braune glasierte Fliesenböden verstärken noch die Verbindung zwischen den Räumen. Eine Schrankwand ist mit dem Wort ›Kitchen‹ in Weiß auf beigem Grund verziert; eine andere greift die Farben eines Marimekko-Vorhanges im Speisezimmer, hier in einem phantasievollen graphischen Gemälde, wieder auf. Die Küche ist groß genug, um zugleich auch als Familienraum zu dienen.

106 Das Elternschlafzimmer öffnet sich zur dramatischen Dachlinie, die durch Fenster auf zwei verschiedenen Niveaus zusammengehalten wird. Ein alter Schreibtisch, der in leuchtendem Orange und Blau gestrichen wurde, ist der Anstoß für die Farbwahl beim Teppich und Bettüberwurf. Das schwarzweiße Wandgemälde stammt von Moore, er nannte es ›Japanische Welle‹.

Photos: John T. Hill

107

109

108

Haus Rogers

107 Ein kleines, abgeschlossenes Gästezimmer, in einem Haus in Cornwall, England, das nach Norden dem Tal zu liegt, hat große Schiebetüren aus Glas, die in eine Bild- und Skulpturengalerie führen. Dieses Apartment hat einen privaten Eingang an dem einen Ende der Galerie. Ein Doppelbett für Erwachsene, das mit einem tomatenroten Überwurf bedeckt ist, findet seine Entsprechung durch ähnliche Überwürfe in den Schlafkojen der Kinder, die in die Wand eingepaßt sind. Die Tür zum Badezimmer ist gleich neben den eingebauten Schränken. Ein zottiger weißer Teppich mildert den Schock, den man beim Betreten der Schieferböden mit nackten Füßen erleiden könnte.

108 Der Elternschlafraum im Haupthaus, mit Ausblick auf den Bach, scheint zweimal so groß als er wirklich ist, weil die Türen, die an der einen Wand in das Badezimmer, in die Ankleideräume und Kästen führen, mit Spiegeln belegt sind und den Raum und den Ausblick reflektieren. Die Blockwände aus Beton, die Betondecken und die Schieferböden bilden einen kühlen Kontrast zu der luxuriösen Weichheit der Felle auf dem Bett und auf dem Boden.

109 Eine kleine Servierküche und eine Eßtheke bilden ein schützendes L um das Doppelbett. Dieses Einzimmer-Apartment liegt in einem getrennten Flügel (Auf Foto Nr. 110, links).

110 Dieses Haus überblickt in einer Richtung das Meer, in der anderen einen Bach und Wälder, und in der dritten ein grünes Tal. Zwei Flügel, die durch eine Fußgängerbrücke voneinander getrennt sind, holen das Beste aus dem ungewöhnlich geformten Grundstück heraus. Zur Straße zu zeigt dieser Wohnsitz eine sechs m hohe kahle Wand in der ganzen Länge des Hauses von 48 m. Eine Außentreppe führt zu einem Badehaus und zum Strand hinunter. Die Architekten, Richard Rogers und Norman und Wendy Foster verwendeten blaue Walisische Schieferböden, honigfarbene Blockwände aus Beton und Betondecken, die möglichst wenig Pflege brauchen.

111 Entlang der ganzen Seite des Hauses zieht sich eine Bilder- und Skulpturengalerie. Tagsüber erhält sie Sonnenlicht durch eine Oberlichte, nachts durch Scheinwerfer; die Galerie ist mit den anderen Räumen des Hauses durch eine Reihe von Schiebetüren verbunden. Hier sieht man die Verbindung mit dem Studierzimmer, das auf der dem Bach zugewendeten Seite liegt.

Photos: ESTO – Ezra Stoller & Associates

Wohnung Burr-Rose

112 Ein einziger Raum von 5,7 × 8,7 m über einer Garage in New Haven, Connecticut, wurde hier in eine schöne Wohnung mit zwei Schlafräumen, einem Gästezimmer, einem Wohnraum und einer Wohnküche verwandelt; das kostete die Architekturstudenten Andrus Burr und Peter Rose 400 Dollar und ihre eigene Arbeitszeit. Eine niedere Trennwand aus Preßholz, mit Ausnehmungen durchlöchert und weiß gestrichen, schirmt eine Dusch- und Waschecke ab und nützt das ganze natürliche Tageslicht, das durch die dahinterliegenden Fenster einfällt, aus. Die Vielfalt der Ausschnitte, die alle von Burr und Rose selbst mit einer Laubsäge hergestellt wurden, trägt zur Lebendigkeit bei und verleiht dem Raum eine luftige Atmosphäre. Eine alte Tischplatte erhielt einen neuen Fuß aus schwerem Preßholz, dessen orange Anstrich einen lebhaften Kontrast zu den Blau- und Fuchsiatönen bildet, die bei den Sesseln, dem Kühlschrank und der Abwäsche verwendet werden. Burr und Rose versuchten sich sogar als Installateure, indem sie das Heißwasser von einer Dusche hinter der Küche in einem Plastikschlauch zum Baderaum an der gegenüberliegenden Wand führten. Pappröhren verdekken die Drähte, die den Plastikschlauch halten. Weinflaschen ohne Etiketten werden als Dekoration auf der Stellage hinter dem Tisch verwendet.

144

113 Mit Hilfe von Preßholz-Platten wurden zwei steilgiebelige ›Schlafhäuser‹ auf jeder Seite des erhöhten Gastbettes gebildet, das in der Mitte vor einem Fenster steht, dessen Rahmen in Purpur, Rot und Grün gestrichen ist. Das Rot und Grün findet ein Echo im Inneren und an der Außenseite ovaler Türen, die in die Schlafzimmer führen. Burr hob die Türschwellen an, um ›das Eintreten zu einem besonderen Erlebnis zu gestalten‹. Die Sitzecke besteht aus olivfarbenen Baumwollmatratzen, die aus Heeresüberschüssen stammen und pro Stück 25 Cent kosten. Ein Fellteppich auf dem gestrichenen Linoleumboden fügt, zusammen mit den indischen Polstern und einem Überwurf, bereichernde Texturen hinzu. Eine Vertiefung, die der Rundung des Ofens entspricht, dient zur Unterbringung eines Plattenspielers. Die Uhr stammt aus einem alten Yale-Gebäude, das niedergerissen wurde.

114 Das ›Schlafhaus‹, das Andrus Burr gehört, wirkt durch zwei seiner Wandbilder leichter und fröhlicher. Auf die Rückwand malte er einen abstrakten Sonnenaufgang, von dem Strahlen in Gelb, Grün, Orange und Braun ausgehen und links im Vordergrund erinnert ein kompliziertes Wappenmotiv an Pre-Columbianische Kunst. Das Tageslicht eines Außenfensters fällt durch eine Oberlichte im Giebeldach ein. Eine Industrieleuchte, die durch die Oberlichte herunterhängt und ein alter Lampenschirm aus bleigefaßtem Glas, der als Wand-Leuchte montiert ist, sorgen für künstliches

Licht. Eine Kommode von Goodwill wurde blau gestrichen, erhielt orange Griffe und wurde unter dem kojenartigen Bett eingebaut, das man über eine eigenwillige Stiege aus Löchern erreicht. Die Ausnehmung unmittelbar rechts vom Kopfende des Bettes ist eine Wäscherutsche, die durch die grüne Tür unmittelbar darunter entleert wird. ›Meine Zuflucht-stätte ist 2,7 m hoch, hat eine Fläche von 19 m² und ist wie das Innere einer Raumkapsel‹, sagt Burr glücklich.

Photos: John T. Hill

115

117

116

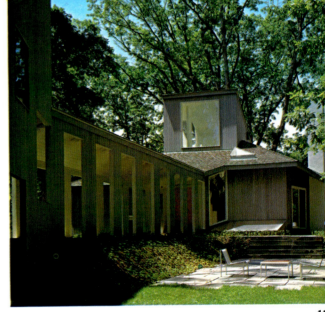

118

Haus Tempchin

115 Die architektonische Schichtung dieses Hauses in einem Vorort von Washington D. C. läßt sich am besten vom Speisezimmer aus erkennen. Eine Galerie mit hoher Decke und Oberlichte erhält, ebenso wie der Speiseraum auf der einen Seite und der Wohnraum auf der anderen Seite, das Licht von einer Reihe von Fensterausschnitten. Ein ovaler Tisch ist von klassischen Faltsesseln aus Segeltuch – nach einem Entwurf von Mogens Koch – umgeben. Ein Marimekko-Wandgehänge in Rot und Schwarz belebt die Szene.

116 Eine Reihe von Duro-Lit-Glühbirnen – von einem Rheostat gesteuert – hebt die eine Seite des Walmdaches im Wohnzimmer hervor und ergänzt das Tageslicht, das durch die fensterartigen Öffnungen in der Galeriewand einfällt. Eine schachtelartige Bank, die rot, schwarz und weiß gestrichen ist, wurde von Architekt Charles Moore entworfen. Große Polstersessel und ein Sofa, mit braunem und beigem Samt überzogen, sorgen für eine Vielfalt bequemer Sitzgelegenheiten. Die spitz zulaufende Skulptur vor dem kretischen Teppich ist aus Plexiglas; im Vordergrund ein Korb aus Äthiopien.

117 Die Galerie, die Fortsetzung eines Außenganges, reicht bis zur Dachhöhe. Sie ist von freistehenden Wänden umgeben, in denen sich Ausschnitte befinden, die das Tageslicht von einer Reihe hoher Fenster verteilen. Am Ende der Galerie läßt ein Huckepack-Arrangement von Bibliothek und darunterliegendem Familienraum das Haus ebenfalls größer erscheinen, als es ist.

118 Eine Passage, die das Haus mit der Garage verbindet, ist die ›Antriebskraft‹, ein zentraler Kern, der Licht und Leben an die Aktivitätszentren abgibt, die sich rundherum gruppieren; er verbindet die verschiedenen Elemente in diesem Entwurf von Charles Moore in Zusammenarbeit mit Rurik Ekstrom. Was von außen eher wie eine herkömmliche Arkade aussieht, entfaltet sich im Inneren zu einer hohen, engen Galerie mit hohen Fenstern und Ausschnitten. Die Fassade des Hauses aus grauem, gebeizten Zedernholz paßt sich unauffällig den Nachbarbauten in dieser alten Wohngegend an.

119 Tageslicht fällt durch eine Oberlichte in die Küche und wird durch Leisten mit Leuchtstoffröhren, sowie durch den Streifen von Duro-Lite-Birnen, der die eine Seite des Walmdaches (wie im Wohnzimmer zu sehen) hervorhebt, ergänzt. Die helle Goldfarbe der hölzernen Kästen paßt gut zu dem Boden aus natürlichen Steinplatten. Es gibt genügend Arbeitsflächen auf der Theke aus weißem Formica und dem Schneidebrett im Vordergrund. Der dahinterliegende Frühstücksplatz ist mit einem in der Wand eingebauten Toaster ausgestattet.

Photos: John T. Hill

Dachwohnung Chadwick

120 Spiegelungen und Doppelspiegelungen täuschen das Auge und verzerren die Linien des Wohnzimmers nach oben und außen mit dem glücklichen Resultat, daß ein beengter, dunkler Raum nun ein heller, surrealistischer und moderner Zufluchtsort wurde. Eine runde Tischplatte spiegelt sich in der Decke als Scheibe, zusammengesetzt wie ein Kuchen aus Keilen in Rosa, Gelbgrün und Blau, die mit Farbpapier überzogen sind und das Farbschema festlegen. Die mit Ponyfell bezogenen Stühle sind Corbusier-Entwürfe. In der entferntesten Ecke befindet sich der Eingang zum Schlafzimmer.

121 Es ist kaum zu glauben, daß sich dieser, nun in eine Gästewohnung verwandelte Bodenraum in einem halbgezimmerten Vorstadthaus (im imitierten Tudor-Stil) befindet. Arch. Gordon Chadwick verwendete den 45°-Winkel des Walmdaches als durchgehendes Designmotiv. Fließende gemalte Streifen, deren Spiegelung die Decke ins Unendliche auszuweiten scheint, betonen die Dachneigung. Ähnliche Streifen unterstreichen das ausgeschnittene Fenster, das sich in der Silberpapier-tapete der Decke und der Wände spiegelt. Der Umriß des Türein-ganges ist die Popkarikatur von Kopf und Schulter eines Mannes. Rosa und gelbe Marimekko-Bettüber-würfe aus Baumwolle und ein grünes Nachttischchen werden durch die weiße Einfassung und den weißen Vinyl-Fußboden wieder etwas ge-dämpft.

122 Im Badezimmer mußten alle Armaturen in der Raummitte angebracht werden, weil die Neigung der Wände zu steil war. Kugellichter ergänzen das Tageslicht, das durch eine rosa eingefaßte Oberlichte einfällt; die Gäste können die Welt wie durch eine rosa Brille sehen.

Ein weiteres Fenster mit einem gelben Rahmen in der Raummitte dient als zusätzliche Lichtquelle. Die Pflanzen, die sich in der silbernen Wand spiegeln, erzeugen die Illusion eines Bades im Grünen. Farbakzente – rosa und grüne Handtücher, rosa Fußleisten und ein grünes Glas – wirken wie Gartenblumen.

Photos: John T. Hill

Studio Witwicki

123 Diese Studiowohnung in New York wurde von Romuald Witwicki entworfen; sein Besitzer wollte damit ›seine eigene Umwelt als Antwort auf seine wechselnden funktionellen und emotionellen Bedürfnisse‹ schaffen. In der grundlegenden geschlossenen ›Nullposition‹ besteht die veränderliche Wohnung aus einem runden, gelben Objekt im Vordergrund, einer langen, weißen Formicaplattform auf Rädern unter den Fenstern, und hohlen weißgestrichenen Preßholzbänken an den beiden Seitenwänden des Raumes.

Auf und in den Bänken befinden sich der Fernsehapparat, das Radio, Stereolautsprecher, ein Telefon, Platten und die Kameraausrüstung. Ein roter Balken an der Decke, der die Leitungen für zwei Strahler und eine Hängelampe zuführt, ist beweglich auf Schienen angebracht, die zugleich auch Jalousien verdecken. Eine Leiste über den Bambusjalousien der Fenster versteckt Leuchtstoffröhren. Der Boden ist mit einem sandfarbenen Spannteppich bedeckt.

124 Kleinere Plattformen lassen sich unter der großen wie Bettladen auf Rollen vorziehen und bilden jede gewünschte Sitzgruppe. Entlang der Plattformoberkante werden hölzerne Stützen in Einkerbungen eingesetzt und damit zu Rücklehnen für Schaumgummipolster. Die Oberfläche der Plattform wird aufgeklappt, um das Sofa im Hintergrund zu bilden. Die gelben Sitzmöbel sind in dem großen runden Objekt, das auf Foto 125 zu sehen ist, untergebracht. Einige oder alle der vielen Marimekko-Baumwolljalousien können heruntergelassen werden, um räumliche Trennungen zu bilden.

125 Das große, runde, gelbe Objekt kann auch als Eßtisch mit vier Sitzen ohne Rückenlehne verwendet werden. Von der roten Deckenschiene aus wird das Farbdia eines Frank-Stella-Gemäldes auf die Wand hinter dem Tisch projiziert. Die Plattform in Kopfhöhe (genau über dem Tisch) zur Unterbringung von Gegenständen enthält auch die versenkte Beleuchtung, Kissen und eine Anzahl von Baumwolljalousien, die jede gewünschte Veränderung von Farben und Mustern herbeiführen.

126 Nachts wird die Plattform im Vordergrund in ein Bett verwandelt und die Formica-Platte einer anderen wird aufgestellt und gibt ein versenktes Nachtkästchen frei. Der keilförmige Tisch und die Sessel im Hintergrund sind eine weitere Inkarnation der Eßtischstruktur. Witwicki stellt sich vor, daß in Zukunft ebenso das Fernsehen wie Farbdias von der Decke projiziert werden, und daß auch die obere Plattform beweglich sein wird und Raumteiler enthalten soll, die überall heruntergelassen werden können, wenn sich jemand im Raum absondern will. Er behauptet, daß sein ›spontanes Apartment‹ in Massenproduktion hergestellt werden kann wie Autos oder Kühlschränke, und er freut sich schon auf den Tag, wenn ein junges Paar nach einem harten Arbeitstag heimkommen und nach einem Blick auf die Kontrollinstrumente jenen Knopf drücken wird, der gerade ihrer Stimmung entspricht. Motoren werden summen und Lichter werden erstrahlen, wenn der Computer das gewünschte Wohnarrangement aus den mehr als 20 Programmen in dieser Wohnung abrufen wird.

Photos: John T. Hill

Wohnung Grataloup

127 Diese Wohnung in ›freier Form‹ von Daniel Grataloup, einem französischen Architekten, nimmt die Zukunft vorweg – oder zumindest ihre Zusammensetzung. Den Schlüssel zu dieser Zukunftsvision bilden fließende Plastikformen und eine phantasievolle Verwendung von groben Verputz. Grataloup, der ein Patent für das bruchfreie Formen von Polyester entwickelt hat, verwendet das Plastikmaterial für gerundete Möbelformen eigenen Entwurfes. Diese Plastikmöbel sind ungemein praktisch, kosten weniger als herkömmliche Möbel und brauchen keine Kissen, weil sie den Körperformen angepaßt sind. Sie werden mit einem Schwamm gereinigt.

172

In dem höhlenartigen Wohnraum bilden ihre welligen Oberflächen, in denen Sitze und Höhlungen für Bücher und Kunstgegenstände angebracht sind, einen reizvollen Kontrast zu der Textur der weiß-verputzten Wände und Decke. Die Sitze erhielten einen Fiberglasüberzug und in jedem wurde ein Paar Stereo-Kopfhörer eingebaut. Die durchbrochene Mittelsäule enthält die Zuleitungen und einen Filmprojektor. In der mit Glas abgedeckten Grube links im Vordergrund sind alte ägyptische Kunstgegenstände ausgestellt.

128

129

130 ▶

128 Die eingebaute Frühstücks-
theke in der Küche ist mit leuchtendorange (wetterfesten) Teppichen
ausgelegt. Dieselbe Art Teppich in
Braun bedeckt zwei Wände und den
Boden. Die Kühlschranktüre (an der
linken Wand) ist durch ein abstrak-
tes Gemälde aus rotem und schwarzem Email kaschiert. Der kleine
Teppich an der linken Wand ist ein
Entwurf Grataloups. Metallschnitte
bedecken die Kastentüren, und die
Küchentüre ist aus farbigem durch-
scheinendem Polyester.

129 Das Schlafzimmer wurde als
dreidimensionales Kunstwerk entworfen; es hat an zwei Wänden gra-
vierte Polyester-Wandbilder von
Grataloup und an den anderen Seri-
graphien von Jean Latour. Die asym-
metrische Form des maßgefertigten
Bettes wurde durch eine Umriß-
zeichnung der Grataloups angeregt.
Die Beleuchtungskörper – Entwürfe
von Max Bill – sind an dem einen
Ende des Bettrahmens eingebaut;

ein Telefonbrett kann auf einer Seite
ausgeschwenkt werden, und auf der
anderen eine kleine Lade für Bücher
und größere Laden für die Unterbringung des Bettzeuges. Der Bettüberwurf ist aus einem Velvetin von
Jack Lenor Larsen gemacht.

130 Die Wände des Speiseraums
stellte Grataloup aus gepreßten und
gehämmerten Kupferplatten her.
Sein Eßtisch benötigt kein Tisch-
tuch, weil die Kupferplatte mit einem
Ölgemälde der Manhattan-Skyline
geschmückt ist. Die Kupferfüße der
Sessel sind gelötet, genietet und mit
Säure bearbeitet; ihre Flächen aus
Bleiplatten sind mit einem einge-
schnittenen Muster ähnlich wie die
Tischplatte verziert. Einige der
weißen Gipsröhren, die aus der
Decke herausragen, enthalten Lichter, andere wurden hohl belassen;
sie sind Schallreflektoren für das
Stereosystem. Ein überdimensio-
nierter Batikvorhang in Blau, Weiß
und Schwarz bedeckt die Fenster.